自分の前世！がわかる本

How To Uncover Your past Lives

テッド・アンドリューズ
Ted Andrews
北田浩一◎訳

はじめに

現世でつながりのある人と、前世でどのような関係にあったのかを知ることほど感動的なことはありません。

現世で感情的に強いつながりを持っている人たちとは、過去でも何らかの関わりを持っているのがふつうです。

ある生において身近な関係にあった魂は、たいていの場合、別の生でも出会います。お互いの役割は変わることもありますが、つながりは保たれるのです。

人は、前世を終えたときの状況と同じ状況を自ら選択して再びこの世に生まれようとします。身近な人のもとに生まれることを選ぶのも、ある意味では当然かもしれません。

　その人とのつながりが愛情によるものであれば、別の生でもその人に愛情を感じ、新たな状況において愛を深める機会を与えられることになります。敵対的な関係にあった場合は、そのような関係を乗り越えるための状況が選ばれることもあります。誰かに恩義があれば、その恩に報いる機会が選択されるのもよくあるケースです。ただし、人には常に自由意志が与えられています。

　また、ふたたび現世で肉体を持てば、思い通りにはならないことも当然ながら出てきます。このことは、常に肝に銘じておく必要があります。

テッド・アンドリューズ

装幀……………フロッグキングスタジオ
本文DTP…………ホープカンパニー

自分の前世！がわかる本●もくじ

4 ソウルメイトとツインソウル

5 前世を呼び戻す瞑想

6 「人生の樹」を用いた前世療法

7 自己催眠と過去世の気づき

8 「誕生」と「死」のメカニズム

1 転生のしくみ

前世を知れば人生のシナリオを自分で描ける

「**前世**」の存在を証明することは、もしかすると永遠にできないかもしれません。たとえ名前や日付、場所などを示すことができても、その時、その場所に生きていたことの証明にはならないからです。

だとすれば、前世を探る本を書くことに何の意味があるのか。あなたはそう思うかもしれません。でも、私がこの本を書く理由はいたってシンプルです。たとえ明確に証明することが不可能でも、前世を知ることによって人はパワーや癒し《ヒーリング》を得て、意識を高めることができるからです。前世を知ることには、とても大きなメリットがあるのです。

「**転生**（**リインカーネーション**）」、すなわち「**生まれ変わり**」という概念の受け止め方は、人によってさまざまです。ある人にとっては仮説であり、ある人にとっては哲学です。信条とした り、生き方の一部になっている人もいます。

人生で起こってくることの多くは、転生によって説明することができます。人が平等でなかったり、苦しまなければならない理由も説明がつきますし、一人ひとりが多くの点で違っていることに関しても大きな示唆《しさ》を与えてくれます。

それ以上に転生の概念が重要なのは、個人の責任に基づいて行動し、生きていくことの大切さに目を見開かせてくれる点です。あなたは自分の運命を自ら決めていくことができます。本書を読めばそのことがわかりますし、現在の自分が過去の自分の行ないの結果であり、現在の生き方によって未来の姿が決まるということもわかってきます。

多くの人にとっては、このような考え方は恐ろしいものかもしれません。言い訳にできるものが存在せず、現在自分がこのような人生を送っているのはすべて自分の責任だということを意味するからです。その一方で、転生という概念は希望をもたらします。なぜなら、それが示しているのは、私たちが人生のシナリオを自ら描いていけるということだからです。

本書の目的は、あなたが前世を探求し、今の状態が過去によってもたらされているということを理解できるようお手伝いすることです。本書を読めば、前世の積み重ねが今の自分なのだということがわかってきます。前世が明らかになってそのような認識が深まれば、現在の生をコントロールし、変えていく能力もそれに応じて高まります。人生のあらゆる側面において積極的になり、起こってくる出来事をただ座視して翻弄《ほんろう》されるかわりに、新たな視点で正しくとらえ、しかるべき行動がとれるようになるのです。人生の壁にぶつかって、「どうしていつもこんな目にあうんだ。いつだって他人に振り回されて、こんな目にあう」と嘆《なげ》くこともなくなります。本書を読めば、自分の置かれている状況を、より大きな生の流れの中でとらえることが可能になります。

魂は再び肉体を持って生まれてくる

「**転生**」とは、魂が再び肉体を持って生まれてくることです。これは、人が死ぬと魂が肉体から抜け出し、別の肉体に宿る準備を始めるという考え方に基づいています。この世に戻ってくるときの状況――生活環境その他は、それまでの生でなしとげてきた成長や進歩によって決まります。新たな生における人格は過去の生が積み重なったものであり、転生の際には、さらなる進歩のために最もふさわしい状況が選び取られます。つまり、よりよい人生を送れば、次の生における状況もよりよいものになっていくのです。

世界には、魂があらゆるものに生まれ変わると説く地域もあります。この考え方によると、魂は木、虫、人などに生まれ変わる可能性がありますが、多くの場合は動物に生まれ変わるとされています。本書では、人間のレベルに限定して転生を論じます。つまり、人間に生まれ変わる場合のみを扱うということです。また、本書が示すのは大きな枠組みにすぎません。その枠組みが、あなたがご自身で探求をしていくための足がかりとなります。哲学的、理論的立場から転生の過程について踏み込んでお話しすることは、本書の目的ではありません。

●――受胎と死の瞬間から始まるサイクル

この世の生（現世）は、魂が肉体に宿っている時期です。これは、成長のサイクルの半分にすぎません。魂が一度肉体に宿ってから、次にまた生まれ変わるまでが一つのサイクルです。その期間の半分――受胎《じゅたい》の瞬間から、私たちが死と呼んでいる物理的変化までは「**肉体期**」や「**地上期**」などと呼ばれます。残りの期間――死んでから再び生まれるまでは「**宇宙期**」「**霊期**」などと呼ばれます。

地上期は受胎の瞬間から始まります。この瞬間から、宿った魂の意識が受精卵になじんでいくプロセスが始まります。魂本来のエネルギーは非常に力強くてダイナミックなため、成長の器《うつわ》である肉体とすぐに同化することはできません。9カ月の妊娠期間中に波動を弱めて、出産の時期までに胎児に安全に同化できるようにします。魂が持っている意識も、この間に現実の肉体になじんでいきます（この霊妙なプロセスや、死の変化については、第5章で詳しく見ていきます)。

「**霊期**」(**宇宙期**)は死という変化の瞬間から始まります。この期間に何が起こるかということは、多くの人が抱く疑問の一つです。この時期は魂の充電期間であるとともに、生前の経験を省《かえり》みて、自らのものとするための時間となります。それと同時に、次の生の準備も行なわれます。私たちが最もよく学ぶことができるのは、肉体を持っている時期です。しかし、この時期に経験したさまざまなことは、自分のものとして取り込み、きちんと位置づけを行なう必要があります。

私たちの本質的存在は、肉体という器を損なうことなく一体化するため、段階を経て波動を弱めます。これらの段階的な**エネルギーフィールド**(**幽体**)の存在により、発達する肉体とスムーズに融合することができます(P17の図)。

転生のシンボルは「陰陽対極図」

意識は受胎の瞬間から肉体とつながり、しだいに強く結び付いていきます。

2つの時期に分かれたこの発達サイクルは、東洋に古くから伝わる「**陰陽太極図**」(P19の図)に当てはめることができます。黒い部分は肉体を持っている時期を示し、明るい部分は肉体を離れている時期を示します。黒い部分の内部にある白い円は、肉体のある時期の魂です。明る

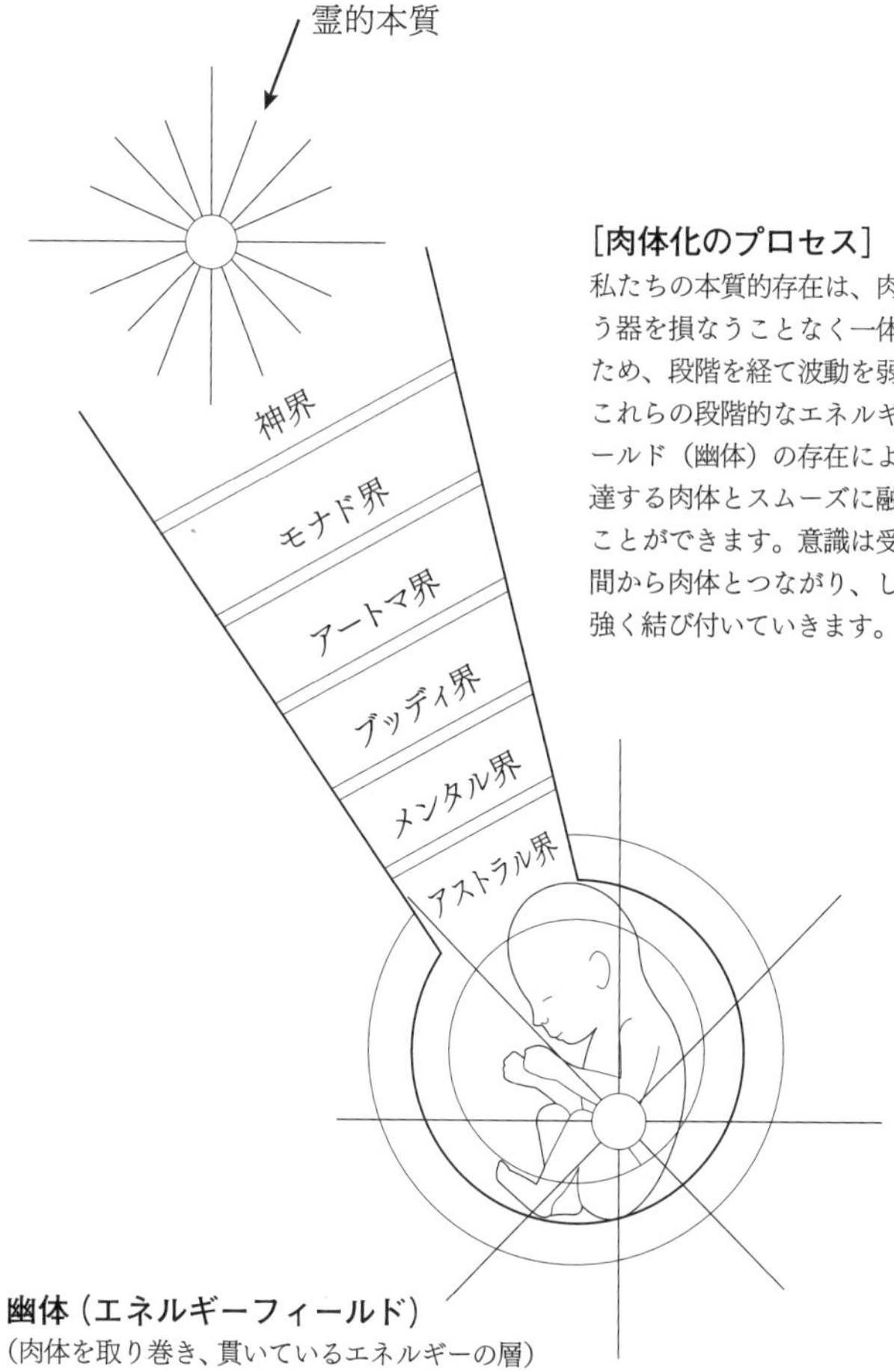

[肉体化のプロセス]

私たちの本質的存在は、肉体という器を損なうことなく一体化するため、段階を経て波動を弱めます。これらの段階的なエネルギーフィールド（幽体）の存在により、発達する肉体とスムーズに融合することができます。意識は受胎の瞬間から肉体とつながり、しだいに強く結び付いていきます。

[肉体化のプロセス]

い部分の内部の黒い円は、霊的成長や魂の成長を助ける、肉体期の体験を示します。この体験は、霊期に魂に取り込まれていきます。2つの相を分けている波形の曲線は、生が生に、霊が肉体に、肉体が霊に影響を与えて成長していくことの象徴です。

これは従来とはやや異なる太極図の解釈ですが、生と死、再生のプロセスを考えるときにはたいへん有効です。魂の永遠性や、現世の環境とのつながりを、より強く実感できるようになります。また、霊と肉体、生と死、死と再生がそれぞれ切っても切れない関係にあることを常に意識するのにも役立ちます。自らの成長のサイクルを理解する足がかりにすることもできます。

このしくみを理解するにはまず、「**運命論**」や「**予定説**」「**遺伝**」などの言葉に対する定義を見直す必要があります。

「**運命論**」とは、宝くじのような偶然に支配される物質界に、突然、人が生まれてくるという考え方です。この考え方では、人は生まれてくる前にはどこにも存在しません。世界には、正義や愛や許しなどの法則は存在せず、死ねばまた無に返っていきます。絶対的な力（たとえば「神」）が宇宙に存在していると信じる者にとっては、この考え方は受け入れがたいものです。最終的に無になるのなら、より良い人生を送るために学び、努力し、挑戦するのは無意味ということになってしまうからです。この考え方は、極めて絶望的な人生観といえます。

「**予定説**」は、宇宙を支配する神の力によって、一部の人間と天使だけが成功して永遠の生を

[転生のシンボル・陰陽対極図]

東洋にいにしえから伝わるこのシンボルには、転生の神秘が描かれています。黒い領域は魂が肉体に宿って発達する時期、白い領域は霊的世界に存在する時期です。この二つが合わさって、一つの成長サイクルが完成します。この流れは円環であるため、終わりはありません。一つのサイクルの後には、必ず次のサイクルが始まります。私たちの成長と発達は、終わりのない道のりなのです。

生き、それ以外の人たちは永遠の死を迎える定めになっているという考え方です。この考え方も、極めて悲観的なものと言っていいでしょう。この説で想定されている力はいかにも人間的、恣意《しい》的な印象がありますが、真の神の力とはそのようなものではないはずです。

転生のプロセスで働く「**カルマ**」と「**因果応報の法則**」(第2章で説明します)に目を向けた場合、予定説はやや異なる意味を持ってきます。

本書で私がお伝えしようとしているのは、今をどのように生きるかが未来の体験の基盤になるということです。未来が良いものになるか、悪いものになるか、あるいはどちらともつかないものになるかは、私たち自身が定めるのです。その結果を、どこか遠いところに存在する神の力のせいにすることはできません。自らの未来のシナリオを書くのは私たち自身であり、私たちはそのシナリオに沿って生きるのです。

遺伝はどう考えればよいのか

では、このような性質を持った転生のプロセスにおいて、「**遺伝**」はどのような意味をもっているのでしょう。

オーソドックスな理論では、人は親の性質を受け継いでこの世に生まれてくると説明されます。しかし現代の転生観においては、この説明はごく一面的なものにすぎません。確かに遺伝は、特定の性質や性格をもたらすという意味で、個人に影響を与えます。しかしながら転生を信じる立場では、それがすべて偶然に支配されているわけではないと考えます。魂のレベルで学ぶ必要のあることや、過去になしとげたことなどに基づいて、しかるべき性格や性質をもたらしてくれる両親や環境が選ばれるのです。

ただし、そこには常に不確定要素も存在します。私たちは、何が起こるかをすべて予測することはできません。転生の条件や新たな環境のすべてをコントロールすることは不可能です。私たちには自由意志がありますが、自分以外のすべての人もまた、自由意志を持っています。生のおおよその枠組みを決めることはできても、細かい部分はまるで期待に反したものになることもあります。ひとたび肉体に宿った瞬間から、運命は定まったものではなくなります。魂は、さらなる成長や進歩にふさわしい状況を選び取りますが、転生のあらゆる要因を支配することはできません。

おそらく魂はある程度このことを知っていて、正しい方向に成長していける可能性のある状況を選ぶのだと私は考えています。すべてを見通せないということは、後で変えていかなければならない部分も出てくることを意味します。それでもなお、そこに成長の可能性があると判断して、特定の状況を選び取るわけです。

このような転生のしくみへの反論としてよく言われるのは、児童虐待の問題です。魂がなぜわざわざそのような状況を選ぶのか、前世で自分が虐待する側だったのか、そのような状況からどのようなことが学べるのか……。疑問はいろいろと湧いてきますが、残念ながらここには例の不確定要素がからんできます。

解離性同一性障害（いわゆる多重人格）についても、前世の視点からの研究や実験が行なわれるようになってきています。この障害を持っている人は虐待を受けた経験がトラウマになっていることが多く、それが引き金となって人格の総体が分裂してしまうと考えられています。困難な状況に直面するたびに新たな分裂が起こり、過去の生における人格（多くの場合、そのような状況に対処する能力を持った人格）が分離してしまうのです。

魂と人格の和合、それが転生

転生や前世について学ぶことで、私たちは生のより大きな流れに目を向けられるようになり、子供を持つか、どのように行動するかといったさまざまな選択を、これまで以上に責任を持って行なうようになっていきます。しかし、スムーズに行動を変えていくには、現在の行動の元になっている部分に踏み込む必要があります。肉体を持っている期間は、魂の生のごく一部に過ぎません。

現世の人格が、これまでの過去の生で高めてきたすべての人格が積み重なったものだという認識も重要です。現在あらわれているあなたという存在は、あなたが過去に持っていた人格が凝縮されたものなのです。常に変化し続ける時のなかで、終わりのない自己表出をくり返す存在——それが私たちにほかなりません。すべての生は独立していると同時に、一つにつながっているのです。

私たちが転生するのは、それぞれの人格を高めて魂と完全に和合させるためです。この成長の過程で、魂のエネルギーや力を表出させる方法も学んでいきます。私たちには、愛と意志の力で世界を創造する事業に加わり、進化をコントロールしていく機会が与えられているのです。

エクササイズ
自分の前世を確かめる

次に紹介するような疑問について考えることは、過去の生に意識を向けるのに役立ちます。これらはいずれも、「前世があった」という前提で考えると説明がつきます。もちろん、ほかの理由で説明できる場合もありますが、少なくとも前世があった可能性を示唆するものです。思い込みを捨て、素直な気持ちで考えてみてください。

①夢の中にくり返し出てくる場所がある。
②近づきたくない場所がある。
③歴史の中で、特に親しみを感じ、学ぶのが楽しい時代がある。
④特定のことをしたり、見たりするのがとても楽しい。
⑤どうしてもやりたくないことがある。
⑥国内に、あまり好きでない地域がある。
⑦国内に、とりわけ興味を惹かれる地域がある。
⑧特定の民族、宗教、社会などのバックグラウンドを持った人々に惹き付けられたり、興

味を感じたりする。

⑨特定の民族、宗教、社会などのバックグラウンドを持った人々と、距離を置きたいと感じる。

⑩子供の頃からずっと恐れてきたことがある。

⑪とりたてて根拠はないのに、自信を持っていることがある。

⑫特に好きな食べ物や、嫌いな食べ物がある。

⑬生まれたときから続いている慢性的な病気がある。

⑭幼い頃から抱えている困難や、感情や行動に関する問題がある。

⑮会ってまもないのに、すぐに親しみを感じた人がいる。会ったばかりなのに生理的にだめだと感じたり、苦手だと思った人がいる。

⑯デジャブ（フランス語で「すでに見た」という意味。既視感）を体験したことがある。特定の場面や街並み、家など、初めて見たはずなのに、そうではない感じがしたことがある。

⑰幼い子供は、前世の存在を示唆する言動を示すことがよくあります。他に自分の家があるとか、周囲の人と別の関係にあったといったことを言うことは珍しくありません。しかも多くの場合、ごく当たり前のことのようにそうした話をします。あなた自身は、子供のようなときにそのようなことを言っていなかったでしょうか。あるいは、子供がそ

のようなことを言うのを聞いたことがありますか。
⑱子供が信じられないような才能を発揮することがあるのは、前世によって説明できる可能性があると思う。
⑲特定の時代や場所に関する夢をくり返し見たことがある。前世の夢はくり返される傾向があり、その夢は非常にリアルです。夢の中で、知らない言葉を話していたことはありますか。出てくる人や場所は過去の時代のものだったでしょうか。現代なのに服や道具などが昔のものだったというような、不自然な点はなかったでしょうか。
⑳体外離脱（意識がはっきりしているときも、そうでないときも含みます）や、臨死体験をしたことがある。これらの体験から、死後の世界や転生についての考え方は変わりましたか。

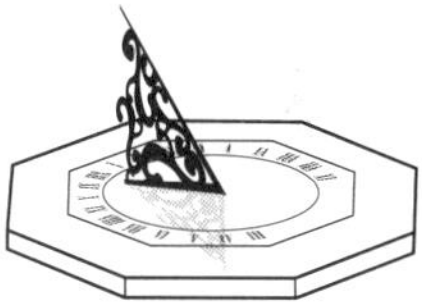

[時間]

転生や前世の視点で眺めると、時間は別の意味を持ってきます。1つの人生は、魂の生のごくわずかな期間にすぎません。時分秒、年と、私たちは時間をさまざまな単位で測っていますが、これらの単位は、すべて1つの人生に焦点を当てたものです。私たちは、個々の人生を超えた時間に目を向ける必要があります。

2 いにしえより伝わる前世の知識

——マユツバものの「前世では有名人」との見立て

転生の概念を拒絶する人はよく、「どうして前世では誰もが有名人だったり、すばらしい人生を送っているのだ!?」と批判します。しかし、転生や前世を信じる人のなかには、自分の前世がそのようなものであったと言っている人はほんの少数です。問題は、そのような主張をする人たちだけが世間の注目を浴びている点にあります。前世は魔術師だったとか、王様や貴族だったと言い張る人は、いまだに後を絶ちません。

これらの人々が真実を語っている可能性がないとは言い切れないものの、その確率はかなり低いでしょう。歴史上の人物が現在誰に生まれ変わっているかは（生まれ変わっているとしての話ですが……）、私たちにはわからない可能性のほうがずっと高いはずです。ほとんどの人の前世は平凡なもので、誰もが過去に有名人であったことを覚えているわけではありません。むしろ、制約のある状況でも創造性を発揮していけるということを学べるような生においてこそ、私たちは最も豊かに成長していけるのです。

驚きと魅力に満ちた前世を知る行為は、時にのめり込んでしまう危険もはらんでいます。過去の生を知るのは心躍る体験ですが、現世での不満を埋め合わせるために前世をドラマチックで華やかなものに仕立て上げてしまわないよう、注意しなければなりません。あくまで現実的な視点をたもつことが大切です。

前世を明らかにする最大の目的は、前世で誰だったかを知ることよりも、むしろそれらの生が現在の自分にどのような影響を与えているかを知ることにあります。

名前や日付が歴史的に正しいことがわかった場合でも、あなたの生まれ変わりや、あなたが過去にその人物だったことが証明されたわけではありません。

しかし、そうした知識であなたの認識が高まったのであれば、それはそれでよいことです。単なる生のくり返しではなく、それを通じて成長していくのだという視点を持ったときに、転生の真の意味が明らかになってきます。

過去の生の知識は、精神の深い領域の扉を開くのを助けてくれます。そして私たちは、より大きな視点で現在の境遇を眺められるようになります。

ただ、こうした知識は誰もが必要としているわけではありません。人によっては、単なる時間の無駄になる場合もあります。たとえば、抱えている問題の原因が過去の生ではなく、現在の生にあるケースなどがそうです。自らを啓発し、力を高めていける段階にまで魂が成熟している人も、もはや前世にこだわる必要はありません。

魂の進化や転生、カルマなどの法則を知らなくても、人生の目的を達成して成長していくことは可能です。利他の大原則を実践し、持てる創造性を最大限に発揮して人生における務めや責任を果たしていく人は、すでにやるべきことをやっているのです。そのような生き方をしていれば、過去の生の影響を乗り越えて未来への力強い種を植える機会は、自然に訪れます。

前世の記憶から得られる洞察

「**前世の記憶**」がどのようにもたらされるかについては、諸説があります。

1つは、魂が転生をくり返して成長、進歩していく際に、それらの記憶が深層意識に蓄積されていくというものです。

また、私たちが多次元に生きているとする説もあります。この説では、人はいくつもの生を同時に生きており、現在の生に最も強く意識が向いているとされます。前世の記憶は、特定の学びのために異なる時代と人生のシナリオを選択して生きている別次元の自分とのつながりによってもたらされる、というのがこの説における解釈です。

3つ目の説としては、現在の状況や生き方、出来事、人などをより客観視して深く掘り下げられるように潜在意識が別のシナリオを生み出した結果であるという解釈もあります。この説では、過去の生は現在の生を直感的、創造的に再解釈したものということになります。

4つ目の説は、私たちの魂が、より壮大な大霊の一部であるというものです。地上には無数の魂が存在し、それらが一つの大霊とつながっているという考え方です。この説では、私たちが過去の記憶だと思っているものは、大霊とつながった他の魂の体験にほかなりません。

この「**大霊**」という考え方は、ロールプレイングゲームを想像するとわかりやすいでしょう。大霊は自らが創造した世界で冒険するキャラクターを作ります。それらのキャラクターには大霊の片鱗《へんりん》が内在していて、死んだときにその片鱗と、身につけた知識や経験が再び大霊に同化します。

そのほかにも、欲求や願望、特定の行為を促す無意識の要求などが現れたものが前世の記憶であるとする説もあります。この立場では、シェイクスピアの前世を記憶している人は、作家になりたいという願望を持っている可能性があることになります。前世は成功した剣闘士だったという記憶を持っている人は、現在の境遇において強くありたい、より果敢に闘っていきたいという願望が潜在意識に眠っているかもしれないわけです。

もちろん、他にも説はあります。しかしこれらの説だけでも、前世の記憶を単純明快に説明するのが難しいということはよくわかります。心理学には、厳密に科学的とは言い切れない要素もあります。心とその働きの多くの側面は、いまだ謎に包まれているのです。

過去の生を明らかにしていくときに最も適切な態度は、それらが事実であるという前提に立つことです。それらの「事実」をどのように解釈するべきかは、後になってから考えればよいのです。

まず最初にやるべきことは、見えてくる新たな事実に心を開くことです。前世の記憶を潜在意識の象徴的なメッセージとみなす場合でも、心を開いて受け止めれば、そこからすばらしい洞察を得ることができます。それらが意識的に記憶の底に眠らせていた他愛のない出来事などではないということは、すぐにわかるはずです。

次章からは、前世を明らかにしていくための一連のエクササイズについて、順を追って説明していきます。しかるべき精神的態度でこれらのエクササイズに取り組めば、結果は劇的に現れてきます。

本書で指導するエクササイズは、意識の深い領域を覚醒させて豊穣《ほうじょう》な想像力を解き放つためのものです。ここでいう想像力とは、非現実的な夢想のようなものではありません。人の心にもともと備わっている、精神の神秘の領域や宇宙と交わるための力のことです。

知りたくない過去を知ってしまう危険性

これから解説していくエクササイズでは、特別な瞑想術や自己催眠などのテクニックを用います。それらによって、現世に最も影響を与えている過去の生を解き明かしていきます。これらのテクニックに不安を抱く必要はありません。

また、これまでの固定観念はすべて捨て去ってください。過去の生が明らかになったときには、これまでに抱いてきた期待やイメージの多くは裏切られることになるかもしれません。

過去世を知ることは、自分を知り、新たな認識に至ることです。そしてその際には、分析力を働かせることが大事です。過去の生の体験のすべてを額面通りに受け取ってはいけません。それらの体験が、現在の生にどのような影響を与えているかという視点を常に忘れないようにしてください。そのような分析的態度がなければ、過去の生は妄想と変わらない、無意味なものにもなりかねません。

あなたが目を向けるべきは、あくまで現世です。過去の生における体験を話すことに夢中になったり、毎日すぐに家に帰って前世を解き明かすことに没頭したり、現在のことがおろそかになってしまっている自分に気づいたときは、すぐに態度を改めてください。あなたがやろうとしていることは、意識の深い部分に関わっていることです。常に細心の注意を払わなければなりません。

これはさまざまな方面で言われてきたことですが、前世を知ろうとすると現世から関心が離れたり、ひどいときには統合された人格が分裂したりする可能性があるので、やめたほうがいいという議論があります。精神の暗い部分が表に出てきてバランスが崩れる恐れがある、知る必要があるときは自然に記憶が現れてくるので無理をして探ることはないといった主張です。こうした人々は、準備ができていない段階で前世を解き明かすことには、自分の人格が過去に持っていた恐ろしい側面が明らかになったり、知りたくないことを知ってしまう危険があると警告します。

人生に奇跡をもたらす学びと経験

対象が何であれ、自己解明のプロセスには不安が伴います。しかし、人生をより意識的にコントロールして新しい流れを作っていきたければ、自分が過去にたどってきた道のりを知らなければなりません。それによって初めて、正すべきを正していくことができるのです。

やり方を間違えなければ、前世は安全に知ることができます。大事なのは、正しく分析し、判断していくことです。甦ってきた記憶に対して拙速に結論を出すのは避けなければなりません。良い結論であれ悪い結論であれ、早急な決め付けは避けてください。額面通りの体験ととらえるよりも、むしろ象徴的なものとして受け止めることです。そのほうが、その体験が意味するところをより大局的な視点でとらえることができますし、やがて深い意味も見えてきます。

前世の記憶には、常に心を開いて向き合うようにしてください。いにしえより伝わる数々の秘教が最も重視してきたのも、「己を知る」ことです。自覚の元に魂を成長させ、真理に目覚めていくには、先入観を捨てて生の複数のステージに目を向けていく必要があります。

ここでいう自覚とは、前世の記憶に限らず、自ら見出したあらゆることをきちんと見つめ、再構成して、永遠に続くあなた自身の成長の糧《かて》にしていくことにほかなりません。

つまりは、学んだことや経験したことを、自分にとって最も有意義な形で生かしていくということです。そのような認識のもとに学びや経験を創造的に活用していくことが、前世、現世、来世と続くあなたの人生に奇跡の輝きをもたらすのです。

エクササイズ

過去世の日記をつける

意識のエクササイズを始めて探求のプロセスに入ると、過去の生の記憶が瞬間的に甦ってくる現象を体験することがよくあります。こうした記憶のフラッシュバックは大変刺激的な体験ですが、これらを記録するには「日記」が便利です。エクササイズをして日記をつけるといった行為を実際に行なうことは、潜在意識に強いメッセージを送ることになります。あなたが本気でいにしえの知識の扉を開きたがっているということが、潜在意識に伝わるのです。記録をつけることにより、潜在意識の深い部分へのメッセージは一層強化されます。

どのエクササイズをするときにも記録をつけることを習慣にしてください。どんな体験をしたか……。どんな感情が湧いてきたか……。これを実践していると、子供の頃のなつかしい記憶なども甦ってきます。そのうち、過去の生の証明になるような記憶なども意識にのぼってくるようになります。思い出した瞬間は、不合理でナンセンスに思えるものもあるかもしれません。しかし、そうした記憶も後で振り返ったときには、多くが過去の探求の足がかりになっているはずです。

潜在意識に眠っている記憶を呼び覚まし、創造の扉を開くには、私がセミナーでよく使っていた方法が役に立ちます。

セミナーでは、一年の初めに生徒たちに記憶の記録をつける課題を出しています。目的はいくつかあります。第一に、眠っている創造性を引き出すこと。第二に、心を解放して曇りのない視座を持たせること。第三の目的は講師である私自身のためですが、これにより生徒たちの個性に関してすばらしい洞察を得ることができました。記録をつけることは、現世の過去の記憶や過去世の記憶を甦らせるのにとりわけ威力を発揮します。

日記にはまず、自分の過去の生のストーリーを書き出します。このストーリーには、過去の生の全生涯を書いてください。いつも心を引かれる場所と時代を選び、あなたがどのような人間だったかを想像して書き出していきます。その際には、次の点を明確にしてください。

①性別
②職業
③着ていた服や身につけていた装飾品
④住んでいた家や家具、調度品
⑤日常の様子

⑥地域の習慣（特に珍しいものはなかったか）
⑦結婚していたか？　していた場合、子供はいたか？　未婚だったり子供がいなかったりした場合、その理由は何か？
⑧当時その地域で定められていた法律やしきたり
⑨どのような信仰が広まっていたか？
⑩特別な祭りや宗教的儀式はあったか？　それらはどのようなものだったか？

歴史的に正確かどうかといったことは気にせず、想像力を最大限に働かせてください。できるだけ詳細に書き出すことが大切です。どんな服を着ていたか、どんな習慣があって、どんな暮らしをしていたかといった点は特に詳しく書いてください。書き記したさまざまな物事に対して特別な感情を抱いていた場合は、そのことも書くようにします。あせらず、じっくり時間をかけてください。落ち着いた環境で、リラックスして書くことが大切です。文体や文章の上手さなどを気にする必要はありません。大事なのは、心に浮かんでくることを、よどみなく綴っていくことです。

その時代のその地域での暮らしがどのようなものであったかを想像することも、重要なポイントです。歴史の本などで調べてはいけません。この段階で私たちがやろうとしているのは、過去のすべての生の記憶が秘められた潜在意識の領域を解放することです。

このエクササイズを課題にすると、過去の生を想像できないという生徒が必ず何人かいましたが、そのような生徒には、行って暮らしてみたいと思う場所を選ばせ、そこでどんな仕事をしたいか、どんな人が住んでいると思うか、自分はどんな扱いを受けるかといった質問をすることにしていました。ただし、このエクササイズの目的は想像力を限定することではありません。あくまで想像力を解放し、自由な発想が溢れてくるようにするためのものです。また、テストではないので結果が点数で評価されることもありません。想像したことを人に教える必要はなく、あなた自身が気づきを得られればそれでよいのです。

このようなエクササイズを行なうと、たいてい興味深い現象が起こってきます。その世界に没入して書いているうちに、時間が経つのを忘れてしまうのです。また、外界の音が聞こえなくなったり、遠くの音のように聞こえたりするようになります。ただし、エクササイズに没頭しつつも、周囲の世界に対する注意は保たれています。これは右脳の機能によるもので、詳しくは追って説明しますが、脳の右半球の働きで通常の時間の認識をもたらす刺激が迂回され、集中を助けてくれるのです。

数分が数時間に感じられたり、数時間が数分に感じられることがあるというのは、昔からよく言われていることです。前世の探求をしていくと、私たちは時間に縛られているわけではなく、それを認識することによって縛られているのだということがわかってきます。意識は時間や空間を超えることができるのです。

エクササイズ
人生のサイクル

このエクササイズは、前世と現世、現世と来世のつながりや、その重要性を理解するためのものです。うまく活用すれば、人生のサイクルを新たな方向へと転換することも可能となります。

人生のサイクルは、タロットカードの「**運命の輪**」になぞらえられることもあります。輪のイメージは複数のエネルギーの集合を象徴するものであり、運命の輪のカードやそこに描かれている絵を利用して瞑想を行なうと、自らの人生の浮き沈みのパターンや、前世とのつながりを認識しやすくなります。また、名声や富への扉を開く機会を見出したり、いにしえの知恵を現代に生かしていく足がかりにすることができます。

「運命の輪」のカードは時の象徴です。そこには「**シンクロニシティ（共時性。一見つながりのないことが同時に起こる現象）**」の重要性や、私たちがそれぞれのリズムを持っているということ、そのリズムを認識して宇宙の大いなるリズムに調和する方法が示されています。このカードにまつわるエネルギーは、植えない限り種は成長しないということや、すべての物事は懐胎期間や根を張る時期を経て表に現れ、成長していくという真理を私たちに教えてくれます。

このタロットの絵でエクササイズを行なうと、過去の生のパターンが明らかになり、将来同じことをくり返さないようにすることができます。また、将来の生のあり方に影響を与えることに関して、どのような選択肢があるかということもわかってきます。

このエクササイズは、時間の流れを知り、宇宙のリズムに調和することを学ぶためのものです。このエクササイズを行ない、輪のイメージを活用していくと、人生のサイクルをルーレットのようにランダムなものではなく、上昇するらせんのサイクルに変えていけるようになります。このらせんのサイクルでは、失敗を経験する確率も次第に減っていきます。また、死後の世界の重要性や、その源を認識できるようになり、創造的な力でそこから抜け出せる可能性があることもわかってきます。

タロットカード――とりわけ大アルカナは、生について学ぶときに大変便利です。カードの絵には、物質界と霊界の現象をつかさどる法則や教えが描かれており、それらを使って瞑想することで、それぞれのカードが象徴するエネルギーと同調《シンクロ》することができます。それにより、そのエネルギーがあなたの人生に作用するようになってきます。絵を利用して瞑想したり、意識を集中させることを学ぶと、心はしだいに解放されていきます。創造性ゆたかな芸術家や発明家は、すでにこのことを会得しています。これらの人々は想像力によって価値を生み出していく方法を知っていますが、私たちが学ぼうとしているのもそれと同じことです。

「運命の輪」のカードで瞑想すると、リズムや時間、発展のエネルギーの知識をもたらし世界に表出させている根源的な力と同調することができます。このカードに描かれている絵は、名誉、名声、人生におけるそれらの波をつかさどる根源的な力と関連しており、そこには自然や人の生が持つリズムや流れが説かれています。また、あなたの中に備わっている、過去に涵養してきた創造のエネルギー（まだ表には現れていないかもしれません）に対する知覚も高めてくれます。

では、このエクササイズの手順を具体的にご説明しましょう。

運命の輪
ライダー（ウェイト版タロット）

①集中が妨げられない時間帯を選ぶ。携帯電話の電源をオフにし、誰にも邪魔をされないようにしておく。
②好みのタロットのセットから運命の輪のカードを抜き出し、そこに描かれた絵を見つめる。本を読んでカードの霊的な意味や、関連があると言い伝えられている事象について学ぶのもいいでしょう。
③目をつぶっても絵が浮かんでくるように、イメージを心に焼き付けてください。描かれていることはすべて、カードが象徴する時間の根源的エネルギーを引き出し、増幅させるためのものです。瞑想においてそのイメージを浮かべ、集中することで、時間の根源的エネルギーが一層強く人生に影響を与えるようになります。
④リラクゼーションを行なう。これは時間をかけて行なってください。リラックスすればするほど、潜在意識の深い部分の扉を開けるようになります。まず、体の各部分に意識を集中し、それらの場所に心で生み出した温かい癒しのエネルギーを送り込んでください。リズムの整った、ゆっくりとした呼吸を組み合わせると一層効果的です。4つ数えながら鼻から息を吸い込み、4つ数える間息を止め、4つ数えながら吐き出してください。
⑤穏やかな音楽とアロマを組み合わせるのもよいでしょう。特にセージとタイムを組み合わせたアロマは効果的です。
⑥このエクササイズは、豊穣な想像力で価値を生み出していけるようにするためのもので

もあります。「継続は力なり」と言われるように、このエクササイズも続けることが大事です。すぐに目に見える結果が現れなくても、がっかりする必要はありません。結果はいずれついてきます。私たちが同調しようとしているさまざまな根源的エネルギーは、密やかな形で人生に作用します。これらのエネルギーを活用すれば、前世から引き継がれた生の傾向が明らかになったり、夢に変化が現れたりします。過去の生についての瞑想や、「退行催眠」（追って解説します）の効果アップも期待できます。

⑦エクササイズが終了したら、エクササイズの最中に思ったことや感じたことを日記に記録しましょう。それが終わったら、現在の人生の大きな流れについても考えてみてください。よりはっきりと流れが見えてきたでしょうか？　家族との関係に特定の傾向は見られるでしょうか？　仕事はどうでしょう？　人生で関わりを持っている人たちには、何か特徴がありますか？

「前世療法」の第一の目的は、自己を認識することです。自分の人生の傾向や、その根底にあるものの認識することで初めて、それらを変えたり、さらに向上させていくことが可能になるのです。

⑧このエクササイズを行なうことで、あなたの心は解放され、潜在意識はより伸びやかになります。潜在意識の枷《かせ》を取り払わない限り、過去の生の情報を意識的に引き出していくことは難しくなります。このエクササイズはまた、自らの人生における時間の流れを

認識するのも助けてくれます。なお、このエクササイズは、ほかのエクササイズと組み合わせると、より効果が高まります。ただし、同じ日に行なうことは避けてください。このエクササイズをした翌日に、別のエクササイズで過去の生に意識を集中させるようにするとよいでしょう。このエクササイズはウォーミングアップに最適です。

⑨1年の節目に行なえば、年間を通じて行なっている過去の探求の効果が高まります。季節の節目や、月の満ち欠けにおける新月や満月などの節目は、エネルギーの渦動が強まる時期です。これらの時期にこのエクササイズを行なうと、人生における大きな時間の流れやリズムの認識にそれらのエネルギーを活用することができます。また、特定のエクササイズをそれらの時期（季節や月）に行なったときに成果が上がりやすくする基盤ともなります。自然のリズムに合わせて行なう場合は、3日続けて行なうようにしてください（新月や満月、春分や秋分などの日の前日・当日・翌日）。

⑩過去を探求する他のエクササイズのウォーミングアップとして、あるいは自然のリズムの移ろいと同調する目的で1年を通じて定期的に行なえば、現在に影響を与えている過去の基盤に対する知覚も全般的に高まり、過去とのつながりにも気づきやすくなります。細かい部分まではわからなくても、特定の人や状況、生き方などが、過去に因縁《いんねん》を持っているということが見えてきます。その結果、より前向きにそれらに対処していけるようになります。

エクササイズ
人生のサイクルの実践例

リラックスしながら、離れたところで時計のチャイムが鳴っているところを想像してください。チャイムは12回鳴って、消えていきます。音が消えていくのと同時に、目の前に古い時代の大きな木の扉が現れてきます。その扉には、運命の輪のカードとまったく同じ絵の彫刻がほどこされ、同じ色に塗られています。

あなたはその扉の前に立っています。扉は静かに向こう側に開いてゆき、美しい紫と青の光があふれてあなたを包みます。周りのすべてが、深い青と紫に彩られています。光はぐるぐると渦巻き、あなたを扉へといざないます。と同時に、再び遠くにかすかな時計のチャイムの音が聞こえてきます。あなたが敷居をまたぐと、後ろで扉がしまります。

あなたは今、青と紫の渦巻く光の中にいます。その渦巻く光を背景に、陽光を浴びて1本の木が立っています。あなたの目の前で、その木は四季の変化を遂げていきます。空を移動する太陽をバックに、木は芽ぶき、豊かな緑の葉を繁らせます。さらに秋の紅葉が訪れ、葉は地面に落ちます。枯れ木は雪に覆われ、雪が溶けて春の最初の芽がふき出します。春、夏、秋、冬と季節は変わり、1年が終わってまた新たな1年が始まります。毎年同じパターンが、同じリズムとサイクルでくり返されます。

やがて、太陽と木は青と紫のエネルギーの渦の中に消えていきます。太陽があったところには、月が昇ってきます。月は新月から満月になり、また新月に戻っていきます。月の満ち欠けはあなたの目の前でくり返され、やがて紫の光の渦の中に消えていきます。

遠くに聞こえる時計のチャイムの音がはっきりと聞こえてきて、それとともに再び景色が変わり始めます。すべてがより鮮明になり、空と大地は青と紫の陰に彩られていきます。それはまるで、地上のすべてが休息する生死のあわいの世界のようです。空には今や、太陽と月がともに昇り、地上には柱時計や鳩時計、壁掛け時計や腕時計などのさまざまな種類、さまざまな大きさの時計が石のケースに収まって木々にぶら下がっています。そこに広がっているのは、シュールレアリズムそのものの光景です。

それらの時計に近づいてみると、普通の方向に針がぐるぐると回っているものと、逆の方向に回っているものがあります。普通の方向に動いている時計に一歩近づくと、あなたは自分が年老いていくのを感じます。髪が伸びて、しわができるのさえ感じられて、あなたはあわてて後ずさります。顔を撫《な》でてみて、元のままだとわかってほっとします。

針が逆の方向に回っている時計に一歩近づくと、あなたは元気があふれてくるのを感じます。より若く、より強く、より溌剌《はつらつ》とした気分になり、肌の張りもよくなっています。顔の前に上げてみた手は、すべすべしていてまるで子供の手のようです。あなたはどんどん小さくなり、子供に戻ってしまいます。あわてて飛び退いて、自分の体を触り、手を確かめますが、あなたはいつものあなたに戻っています。

時計の中には、針が延々と回り続けているものがある一方で、ピタリと止まっているものもあります。そしてあなたは、それらの時計の文字盤に、自分がこれまでに経験してきた出来事が映し出されていることに気づきます。勉強している自分、人との関係、楽しかったこと、つらかったこと、不安で居ても立ってもいられなかったあのときの記憶……。なかには、見慣れない光景なのに、どこかなつかしい感じのする場面もあります。そしてあなたには、それらが過去の生における体験だということがわかっています。

時計が示しているのは、あなたがこれまで経験してきたすべての生のパターンとリズムです。それらのすべてを調和させることができたときにのみ、あなたは真の悟《さと》りに至ることができます。そして時計の針を共時的に動かすことを学んだとき、あなたの運勢と運命は変化し始めます。

あなたは時計の針に指を触れ、動きを速めたり遅くしたりして、時計の動きを一致させていきます。一陣の風があなたをやさしく撫で、新たな調和の達成を祝福します。

周囲を見回すと、無数の時計がそれぞれにリズムを刻んでいます。すべてを合わせることなど、とてもできそうにありません。そのとき、あなたは気づきます。宇宙のリズムに自らのリズムを合わせることができれば、世界のすべての時間を支配することができるのです。

そのとき、再び遠くで時計のチャイムの重厚な音が響いていることにあなたは気づきます。宇宙の大時計が、あなたの知覚を呼び覚まそうとしているかのようです。あなたが天を仰ぐと、太陽と月が一つに溶け合っています。あなたはハッとすると同時に、興奮に胸を躍らせます。そうです。時の流れは、いかなることも可能にしてくれるのです。

すると、無数の時計は消えてゆき、青と紫の渦が力強く躍動し始めます。振り返ると、あなたがくぐった扉がふたたび開いています。時は常に開かれているのだという思いを胸に、あなたは扉をくぐります。扉は静かに閉まり、エネルギーの渦も扉の向こうに消えます。あなたは扉の絵を見つめます。そして気づきます。この絵が描いているのは運命の輪というよりも、人生のサイクルそのものなのです。

そのことに気づいた瞬間、扉はかげり始め、霧のように姿を消してゆきます。あなたは深呼吸し、ゆったりとした気持ちで、たった今体験したすべてのことを思い返します。そして、過去の生の日記にそれらを綴ります。

3
カルマの役割、カルマの学び

―カルマとは全エネルギーの営み

あなたの本質は「**エネルギー**」です。学び、成長するために、今は肉体という衣《ころも》をまとっているのです。転生のプロセスにおいて、あなたの本質であるエネルギーは3つの原則に従って成長し、知識を得ていきます。

第1の原則は「**進化の法則**」です。

あなたの本質は、あなたが最も必要としている特質や個性を伸ばす機会を与えてくれる環境に生まれてきます。それによって、自分を高め、良い方向に変えていく可能性が生まれるのです。これらの変化と成長の枠組みを定めるのが、遺伝と、生まれた時代や状況（星の位置や地理的条件）、必要な成長の達成を助けたり影響を与えたりする環境要因——人種、宗教、性別、家族、知人友人、さまざまな関係にある人々、その生において経験する可能性の高い出来事などです。

第2の原則は「**自由な意志**」です。

私たちは例外なく、選択、行動、決断の自由を与えられています。決断しない自由さえ与えられています。生において達成するべきことも、達成を義務づけられているわけではありません。肉体に宿った瞬間から、いくつかの要因は固定されてしまうのも確かです。たとえば人種や遺伝形質、一部の先天的な問題などは変えることはできません。そのため、自由な意志の原則に関しては、こんな言葉がよく引き合いに出されます。「治せないものは、耐えなければならない」。人生には、自由な意志ではどうにもならないことも存在するのです。一方で、生きている環境における選択肢や道のりには、膨大なバリエーションがあります。

第3の原則は、転生の最も重要な側面であると同時に、誤解されていることの多い原則です。その原則とは「**カルマの法則**」で、いわゆる「**因果応報の法則**」（「**バランスの法則**」とも呼ばれる）に支配されています。

最も実りの多い学びと成長をもたらす諸条件や機会、環境などの人生の枠組みの決定においては、過去に自由意志をどのように用いてきたかが鍵となります。運命のさまざまな要素は、自らの言動や思考、感情などのふるまいによって事前に定めることができるのです。

カルマの法則は、さまざまな形で示されています。キリスト教には「人は、自分の蒔《ま》いたものを刈り取ることになる」という教えがあります。物理学では、すべての作用には反作用があると説明します。自らの行ないに応じて、報《むく》い（＝果報）が訪れるのです。「どんなこともいずれは自分に返ってくる」ということわざもあります。何かをなせば、それは必ず結果をもたらします。そしてすべての結果には、原因があります。

どんな結果も糧として受け入れる

「**カルマ（業《ごう》）**」とは、「行為」や「創造」を意味するサンスクリット語で、「**エネルギーの営み**」を示しています。私たちが成すことや生み出すものはすべて、成長の機会をもたらします。したがって、カルマを単に「最終的に計算が合う」という意味にとらえるのはあまり適切ではありません。

私たちは転生の際、魂が必要としている特定の学びのためにあえて困難な状況を選ぶことがしばしばあります。正しい決断や行動をしたときには、それらに見合った有意義な機会が与えられます。それを活用するのは必ずしも容易ではありませんが、機会は必ず目の前に現れます。

一方、選択や行動を誤れば、その場合もそれに応じた結果が現れてきます。

自覚を持って生きるということは、選択が結果を生むという認識のもとに、意識的に選択を行なっていくことにほかなりません。結果が特定のものになることを期待するのも自由ですが、本当に自覚のある人は、良い結果も悪い結果も、平凡な結果も、学びの糧《かて》として受け入れていくものです。

世間には、すべてを「**悪いカルマ**」のせいにしてしまう人が少なくありません。このような人たちが悪いカルマだと思いこんでいるのは、多くの場合、判断の誤りに過ぎません。すべてのことを過去世の行ないのせいにするは間違いです。

もちろん、人生の環境や状況の枠組みには、過去の生に因《いん》を持っているものもあります。しかし、そのような枠組みのなかで、私たちは新たな能力や創造性を育み、新しい成長の機会を得ていくのです。学びを得られるかどうかは多くの場合、機会に気づき、正しい選択をしていけるかどうかにかかっています。

人生におけるカルマの現れ方

人生におけるカルマの現れ方については、一般に3つの形があるとされていますが、実際にはより多くのバリエーションがあります。

第1のパターンは「**ブーメラン型**」と呼ばれています。これは、誰かを傷つければ自分も傷つけられ、誰かを助ければ他人が助けてくれるというものです。

第2のパターンは「**生物型**」です。誰かを身体的に虐待した場合――たとえば失明させた場合は、次の生で目が見えない子供に生まれる可能性があるというものです。一方、目の見えない人を助けた場合は、より視力のよい人間に生まれ変わる可能性があります。

第3のパターンは「**象徴カルマ型**」です。これは、人の話に耳を貸さないで一生を送ると、次の生で耳に障害が現れる可能性があるというものです。他者の良い面を探すようにしていれば、次の生では直観や認識力が高まる可能性があります。

カルマは学びです。あなたの行ないは、過去のものであれ、新しいものであれ、必ずそれに応じた機会を招来します。カルマの原則においては、因果応報の原理が働きますが、それは報復的なものではありません。前世で何か悪いことをしたとしても、現世で同じことが自分に起きるとは限らないのです。極端な例で言えば、たとえ過去の生で殺人を犯した場合でも、現世で殺されるとは限りません。カルマは「目には目を、歯には歯を」とは異なるものです。

最後の例でもう少し説明すると、殺人を犯した人は、怒りや暴力の衝動に別の形で対処することを学べる状況に転生する可能性があります。それはたとえば、親や保護者としてその相手を支えていく人生などです。

あるいは、怒りや暴力の悪い側面を強く認識させられるような状況に生まれ変わることも考えられます。今度は正しい選択ができるように、似たような状況に生まれ変わる場合もあるでしょう。

私たちは成長段階が異なるため、学びの内容もそれぞれに異なります。現れてくる結果も、人によって違います。一つの学びでも、最も実りある機会にはさまざまなバリエーションや状況が考えられます。自由意志の使い方を誤った場合は、魂が自由意志をよりよく生かすことを学べるような状況に置かれることになります。

宇宙と調和すれば成功の可能性が高まる

魂の進歩には、必ず苦しみが伴わなければならないというわけではありません。苦しみに意味があるのは、同じ苦しみを味わわない方法を学べる場合のみです。

カルマの下で自由意志を働かせるときも同じで、苦労しないと結果が現れないなどということはありません。宇宙を支配する自然の法則に調和した行動をとることを通じて、あなたは進歩していくことができます。これまで調和を乱す行動をしてきた人が生き方を変えようとすれば、大きなストレスが生じたり、さまざまな困難が起こってくるかもしれません。しかしそれらはすべて、宇宙と調和していないこれまでの生き方に関するものです。その生き方が変わるにつれて、新たな調和が広がり、成功の機会も増えていきます。そして、努力が報いられることも多くなっていきます。

カルマはよいものを生み出していく性質を持っており、その目的は魂を導くことにあります。しかしカルマは、必要最小限の介入しか行ないません。カルマは私たちに、自分と他者を完全に切り離すことはできないことを教えています。

私たちの間には、時空を超えた結びつきが存在するのです。ネイティブアメリカンの部族の多くは、「遠い将来の結果を（時には7代先まで）考えたうえで決断しなさい」という教えを受け継いでいます。その背景にあるのは、すべての人間とあらゆる状況の間に深く絡み合ったつながりがあるという認識です。

どんな事象がカルマに影響するのか

カルマの果報は、その人の学びの成果が最も大きくなり、受け取った報いを最もうまく生かしていくことができる時期を選んで与えられます。また、恩恵を受けるすべての人々に成果を示すのに最も適した場所が選ばれます。

果報がどのように現れるかも、生きとし生けるものにとってのメリットが最大になるように、ケースバイケースで異なります。カルマは、私たち自身にとって最も望ましい時期に、望ましい形態、望ましい方法で現れるのです。

ただしこれは、カルマが働く状態になっていることが前提条件です。腕をこまねいているだけでは何も起こりません。自ら選択し、行動し、結果が現れるようにする必要があります。そうすることで初めて、新たな選択や道が開けてくるのです。

といっても、カルマの本来の目的は、見返りを与えることではありません。カルマが目指しているのは、魂に学ばせ、成長させることです。

そのために状況を調整し、バランスを整え、時には直接実現させます。真の感情的、精神的、霊的な果報があるときには、物質レベルでは果報が留保されることもあります。克己《こっき》、努力、愛、受容、知恵、慈悲《じひ》などは、いずれもカルマにまつわる問題を乗り越えるのに役立ちます。制約のある状況の中でも、事態をよりよくする可能性があることに気づいたとき、私たちにはカルマを通じた成長の道が開かれるのです。

どんなことがカルマに影響を与えているかについては、なかなか気づきにくいものです。カルマによって与えられた結果についても、意識しない限り気づくのは容易ではありません。せっかく健康という恵みを勝ち取ったのに、それが当たり前だと思って感謝せず、再び失うような行動をしてしまうのも、その一例です。私たちは、過去の成果を土台にして、常に進歩していかなければなりません。

物質の背後の霊的世界を見つめる

カルマのなかで私たちが負っている学びという責務は、魂の成長や日々の試練、義務に対する自覚が高まると、それに応じて大きくなっていきます。このプロセスに真に帰依《きえ》している者は、カルマの学びを加速度的に速めていきます。その気になれば、いくつもの生における難しい学びを、一つの生において志すこともできます。達成できるかどうかは、すべての人々に対して生み出し、与える態度を貫きながら、自らに課した学びのプレッシャーに挫折することなく、よい結果を招来する創造性を発揮していけるか否かにかかっています。

自覚を持って学びの道を歩んでいくには、カルマにさまざまな種類があり、学びの形も多彩であるということを認識する必要があります。カルマには、家族、人種、宗教、国家、世界などの種類があり、そしてもちろん私たち個人のカルマもあります。そしてこれらのすべてが、魂の成長に影響を与えます。

一般には、家族との関係や仕事上の関係が最も強くカルマに関わっています。これらの人間関係は、成長の大きな機会を提供してくれます。他にも、人種、宗教、国などの要因によって、それぞれに異なる学びの機会を得ることになります。だからこそ、私たちは異なる性や人種、国籍の人間に生まれ変わり、生の体験を総合的なものにしていくのです。

一例を挙げるなら、アメリカに生まれた人は、正しく自由を行使するということがどういうことかを学ぶことになります。この国では、自由が野放しになった状態と、厳しい制約で束縛された状態の両極端を目にすることができます。自由を正しく行使していくには自制が必要であり、この国の人々は程度の差はあれその努力をしています。これはアメリカという国のカルマの一つです。

この世界のあらゆる物事、あらゆる人間は、あなたがこれまで考えてきたよりもはるかに重要な意味を持っています。過去の生を探っていくと、そのあたりも実感できるようになっていきます。物質世界の後ろに霊的世界があることが認識できるようになり、私たちの生の新たな可能性も見えてくるはずです。

4 ソウルメイトとツインソウル

身近な関係の人には他の生でも出会う

現世でつながりのある人と前世でどのような関係にあったのかを知ることほど感動的なことはありません。現世で感情的に強いつながりを持っている人たちとは、過去でも何らかの関わりを持っているのがふつうです。

ある生において身近な関係にあった魂は、たいていの場合、別の生でも出会います。お互いの役割は変わることもありますが、つながりは保たれるのです。人は、前世を終えたときの状況と同じ状況を自ら選択して再びこの世に生まれようとします。身近な人のもとに生まれることを選択するのも、ある意味では当然かもしれません。

その人とのつながりが愛情によるものであれば、別の生でもその人に愛情を感じ、新たな状況において愛を深める機会を与えられることになります。敵対的な関係にあった場合は、そのような関係を乗り越えるための状況が選ばれることもあります。誰かに恩義があれば、その恩に報《むく》いる機会が選択されるのもよくあるケースです。ただし、人には常に自由意志が与えられています。また、ふたたび現世で肉体を持てば、思い通りにはならないことも当然ながら出てきます。このことは、常に肝に銘じておく必要があります。

他者とのすべての関係は、カルマに支配されています。そしてそれらの関係によって、学びの機会が与えられます。ただし、学びの形態がどのようなものかは、それぞれに異なります。家族であれば、家族のメンバー全員に関わる特定の学びを学ぶことになります。

一つの例を挙げれば、家族間では、自らの意思を適切に表現することを学ばなければなりません。家族の一人が別の家族に対してひどく意地悪だったり、支配的にふるまっている場合もあれば、その逆にいつも折れているという場合もあるでしょう。言われたことに従わなかったり、アドバイスにまるで耳を傾けなかったりという家族もいるかもしれません。あるいは、自己主張をしない人や、依存的な習慣を持っている人が家族にいる場合もあるでしょう。どのような学びにも、さまざまなバリエーションがあり、微妙に異なります。家族のそれぞれのメンバーの行動パターンの共通点が見つかると、あなたが家族から得ようとしているカルマの学びの大きなヒントになります。

これは、仕事や、家族以外の人たちとの関わりについても同様です。感情的にどのような関係にあるかということも大切ですが、それ以上に重要なのは、それらの関係にどのようなパターンがあるかを知ることです。そのパターンは明白なものもあれば、表にはっきりとは現れてこないものもあるでしょう。

子供の頃の体験が、一生の行動パターンに結び付いているというケースは、みなさんもよく見聞きすることがあると思います。典型的なのは児童虐待です。幼いときに虐待を受けた人は、一生、人間関係に障害をきたすことが少なくありません。そのような例から考えれば、一つの生の行動パターンが次の生に受け継がれても不思議ではないでしょう。

現世で知っている人の誰と前世でつながりを持っていたか、なぜこの人と現世で出会ったのかといった答えは、永遠にわからないかもしれません。けれども、それらの人々に自分がどのように接しているか、また相手が自分にどう接しているかに目を向けることで、大いなる可能性が開けてきます。

自分にとっていちばん身近な人の関係について、じっくり考えてみてください。その人に対してどのような感情を抱いていますか。その人がそばにいるときに、どのような感情表現をすることが多いでしょうか。それらの答えは、過去の生におけるその人との関係のヒントになる場合があります。

あなたは何かと人助けをしてしまうタイプでしょうか。だとすれば、前世では〝警察官〟だったのかもしれません。特定の人（あなたより年上かも知れません）に対していつも世話を焼いている人は、過去にその人の〝母親〟だった可能性があります。ある人に対していつも悪ふざけをしてしまう場合は、その人と〝兄弟姉妹〟だったか、〝幼なじみ〟だったのかもしれません。あなたが何かと頼りにしてしまう人は、過去の生であなたの〝親〟か〝保護者〟であった可能性が考えられます。いつも同じ人のお金を当てにしてしまうという場合は、事業でその人と〝協力関係〟にあったのかもしれません。

3つのレベルに分類される他者との関係

私たちは、他者との関係の中から最も大きな学びを得ることができます。カルマと過去の生に関する研究においては、他者との関係は3つのレベルに分類されています。

❶「カルマ的つながり」

「過去に一般的な体験を共有していた」可能性のある人々です。これらの体験は良いものである場合もあれば悪いものである場合もあります。誰かに会ってすぐに親しみを感じたり、この人は好きだ、嫌いだという感情を抱くことがありますが、そうした人々はこのレベルのつながりに属します。このようなつながりはしばしば短期的なもので、通常は取り立てて重要な意味はありません。これらの人々とは、因果応報の原則のために短い間、再会することがあります。

この種のつながりはなかなか見きわめにくいものです。初めて会った人に魅力を感じて、何らかの付き合いをするようになるのは特に珍しいことではありません。そういうケースを特別なつながりだと思いこんでしまうことはよくあります。

「あの人は私の魂の伴侶《ソウルメイト》だ、間違いない」と確信している人はよくいますが、数カ月後、数年後には、結婚が破綻《はたん》して泥沼の離婚に至ったりしています。このような人に「魂の伴侶《ソウルメイト》だと言っていたではないですか」などと指摘するのはかなり勇気が要るでしょう。

残念ながら、このような人たちの多くは再び同じ勘違いを繰り返します。それが行動のパターンになってしまっているのです。魂の伴侶《ソウルメイト》を探している人は、カルマ的つながりのサイクルにとらわれ、違う人を伴侶だと思い込むことをくり返してしまいます。

よく、「どうして自分はこういうタイプの人にばかり会うのか、どうしていつもこういうことになるのか」と嘆く人がいます。自分の人生のパターンに気づかない限り、そこから抜け出すことはできません。これらのパターンは一つの生で終わる場合もありますが、次の生に引き継がれることもあります。「**前世療法**」は、こうした過去の生のパターンを知るのに役立ちます。そして、それらが自分の生のシナリオの一部であると認識することにより、より客観的にそれらのパターンを見つめられるようになります。特定の状況に対して自分が同じ対応をしてしまうことにも気づき、好ましくない行動パターンを回避できるようになります。

それなりの長さの「**婚約期間**」を設ける理由の一つは、その人との関係が単なるカルマ的つながりではないと確かめることにあります。二人のエネルギーが増大して、より強く深いレベルのものになるか、自然消滅してしまうかを見きわめることができるのです。婚約期間を長く取って、限られたレベルの適合ではないことを確かめるようにすれば、多くの離婚は避けられるでしょう。

❷［魂の伴侶（ソウルメイト）のつながり］

2つの魂がほとんどのレベルで強く適合しているつながりです。このつながりを持った魂は、肉体的、感情的、精神的、霊的に適合しています。関心を向ける対象にも共通点が多く、そのつながりは友人としての性質がベースとなっています。魂の伴侶《ソウルメイト》は、過去の生においても、長期にわたる建設的な関係を持っています。

魂の伴侶《ソウルメイト》は一人とは限りません。魂が何度も転生をくり返すことを考えれば、複数いても不思議はないと言えます。生涯にわたって長く建設的な関係を保ってきた相手が何人もいるケースは当然考えられるでしょう。魂の伴侶《ソウルメイト》は異性であることもあれば、同性であることもありま す。また、関係も、友人、家族、結婚相手などが考えられます。

魂の伴侶《ソウルメイト》とは、長期にわたって付き合うことになります。この関係は必ずしも継続的であるとは限りませんが、通常はかなりの期間に及びます。長い期間の間に、時おり現れ、また会わない時期が続くといったこともありえます。そのようなケースでは、再会は驚きとともに訪れ、人生に新風を吹き込んでくれます。魂の伴侶《ソウルメイト》と一緒にいるときは、短い時間でも楽しく感じられて、お互いの人生によい影響を与えていくことができます。

カルマ的つながりの場合と同様に、魂の伴侶《ソウルメイト》に対しても一目で好印象を持つことがあります。しかし、前者の場合ほど強い魅力を感じるとは限りません。

この2つのつながりを区別するのは、なかなか難しい場合があります。見きわめるポイントの一つは、すべてのレベルにおける適合の程度と時間です。この人が自分にとってそうであるように、自分はすべてのレベルにおいてこの人の人生になくてはならない重要な存在か、と自問してみるとよいでしょう。

あなたと魂の伴侶《ソウルメイト》は、2つの異なる魂であり、違いは当然あります。それでも、魂の伴侶《ソウルメイト》との間には、目標や願望に関して共通の基盤があり、友情で結ばれたつながりはさまざまな状況を乗り越えて持続します。妻や夫が魂の伴侶《ソウルメイト》である場合、二人の関係は愛し合う男女である前に、よき友人です。お互いが常に無償の愛と支えによって結ばれ、自分のことよりもまず相手のことを考えるような関係です。魂の伴侶《ソウルメイト》は、お互いの人生を高め合い、愛と喜びを深め、広げていくことができます。

❸［双子の魂（ツインソウル）のつながり］

形而上学や霊の分野においては、双子の魂《ツインソウル》に関してさまざまな見方があり、しばしば議論になります。特に有名なのは、双子の魂《ツインソウル》が**「お互いを補う理想的な存在」**であるというものです。魂の本質が途中で2つに分かれ、それぞれが独自に進化しているという考え方で、その2つの魂が、何らかの大きな事をなすために物質界で折にふれて巡り会うとされています。この説は最近広く認知され、多くの人が信じています。しかし、霊的な視点で厳密に見ると、いろいろと問題があります。

もともと1つだった魂が2つに分かれ、それぞれに進化し始めたのであれば、母親の体の中で卵子が2つに分かれた場合と同様、それらはすでに独立した魂になっているはずです。卵子が分裂して誕生した双子は、それぞれが独自の魂を持つ独立した存在です。

また、この説は、魂が同じ性にしか転生できない可能性を示唆《しさ》するものです。しかしこれは、あらゆる進化のプロセスを学ぶという転生の主旨に反します。特定の性や種族などでなければ学べないことがあることを考えると、私たちは学びのプロセスの半分しか経験できないことになってしまいます。

この説は、歴史上の霊的指導者《マスター》たちの教えとも異なります。霊的指導者の多くが転生やカルマのつながりについて説いていますが、彼らは霊的探求について、自己の範疇《はんちゅう》を超える必要はないと述べています。そのことは、「己を知れ」という有名な言葉にも表れています。これらの指導者によれば、私たちは誰もが女性と男性のエネルギーによって成っています。そして、それぞれの生においてそれらの性を調和させることが、真の霊性と均衡に至る鍵であるとされています。

多くの人が、自分のあらゆる部分に思いを致し、理解して受け止め、信じてくれるような理想の片割れを求めますが、その先に待っているのは失望でしかありません。そのような条件を満たす相手など存在しませんし、そのような理想へのこだわりは、往々にして人や状況に関わることを避けるための言い訳にされます。

理想的な半身は、あなたの中にこそあります。それは、外界に表れている自分を補う理想の女性、あるいは男性です。自分という本質に内在する2つの要素のさまざまな性質を認めて尊ぶことができるようになったとき、あなたは一つの「**悟り**」に至ることができます。そして、自らの「**女性的性質**」と「**男性的性質**」を一つに統合できたとき、あなたの中には「**聖なる子供**」が誕生します。それは新たな生の始まりであり、あらたな成長のサイクルのスタートでもあります。

私たちは誰もが、理想的な女性像や男性像を持っています。私たちが魅力を感じる人の多くは、そうした理想的な要素や性質の一部を備えています。あなたがすでに内側に持ち、息吹《いぶき》を与えるべきものを、彼らに見出しているのです。双子の魂《ツインソウル》とは、そのような内なる理想の多くをお互いに相手に認めることのできる存在のことです。そのような魂は、内なる理想をほかの

双子の魂（ツインソウル）は私たちの外側に存在するのではなく、外的な側面と統合されるべき内的要素にほかなりません。２つの魂の調和が高まれば、私たちは人生の驚きや感動をより豊かに享受できるようになります。

[あなたの中に]

私たちは誰もが、男性と女性のエネルギーを共に持っています。男性は「理想的な女性の半身」を内在しており、女性は「理想的な男性の半身」を内在しています。２つの要素を調和・統合させることにより、私たち自身と、さらには関わっている人々に、新たな生が開けていきます。

誰よりもよく体現しており、霊的に約束されていることを目の前に見せてくれます。

人との関係には、私たちの成長の多くが反映されます（成長していなければ、もちろんそのことも反映されます）。私たちに求められていることの一つは、生を生かすことを学ぶことです。そのためには、それまでとは全く異なる視点で生を見つめなければならない場合もあります。

カルマにおける他者との結びつきは複雑で、特定のパターンに固定することはできません。しかしながら、私たちが出会う人、体験することのすべては、知識を深め、自分を乗り越えていく絶好の機会となります。そして、過去を知ることは、現在を知り、未来を変えていく力となります。

エクササイズ
過去の生を眺め見る

次に紹介するエクササイズは、過去の生で現世の人々とどのようなつながりがあったのかを瞑想を通じてダイナミックに知るためのもので、くり返し行なうことができます。このエクササイズは、過去のさまざまなことがらを探求するのに役立ちます。

詳しくは次章で述べますが、お香、ろうそく、アロマなど、瞑想を助ける道具を用いるのもよいでしょう。このエクササイズのポイントは、可能な限りリアルに想像することです。そんなことをしても単なる想像に過ぎず、現実の出来事ではないと言う人がよくいますが、想像したことが現実でないとは限りません。想像と現実の間には、意外につながりがあるものです。私たちは、何らかの現実的基盤か、現実とのつながりがない限り、何かを想像することはできません。

このエクササイズを行なうと、過去の生がまざまざと心のスクリーンに浮かんでくることがあります。過去にまつわる感情や印象が浮かんでくるだけのこともあります。どちらがよくて、どちらが悪いということはありません。エクササイズを続ければ、それらの記憶はいっそうはっきり甦ってくるようになり、毎回、よりダイナミックな結果が得られるようになっていきます。なかなか過去の場面を想像できないという人は「もし、それが目の前にあるとしたら、どんな特徴を持っているだろう」と自分に問いかけてみるとよいでしょう。そして、その直観を信じるようにしてください。

長いあいだ閉ざされていた扉を開くわけですから、人によっては多少苦労する場合もあるでしょう。しかし扉は必ず開くので、決してあきらめないでください。このエクササイズを3度やってもまったく成果の上がらなかった人は、私の知る限りでは一人もいません。

では、具体的な方法をご説明しましょう。

①気の散らない状況を作る。電話は鳴らないようにし、ほかの人にも邪魔をしないように頼んでおく。座った状態か、寝そべった状態で行なうのもよい。

②お香やろうそく（第5章）で雰囲気を整える。ＢＧＭに静かな音楽をかけてもよいが、気の散らないものにする。

③呼吸法をする。鼻からゆっくり息を吸い込みながら、4つまで数える。息を止めて4つ数え、4つ数えながらゆっくりはき出す。一定の緩やかな速度で、リラックスした呼吸を心がけること。これを数分間行なう。この呼吸法を行なうと、緊張がほぐれ、意識が外界の関心や雑事から遠ざかって、内なる世界を体験しやすい状態になる。

④ここまでのエクササイズの手順を読み直し、エクササイズの主旨を頭に入れる。ここに

説明した手順は絶対に守らなければならないというわけではありません。必要に応じて、自分なりに変えてみてください。あなたが体験したことがここに書いてあることと違っていても、気にする必要はありません。その体験は、あなたの心があなたにとって最も良い形で反応した結果なのです。このエクササイズは記録することもできます。準備をしてから瞑想を行ない、心の声のままに記録をつけてください。

⑤リラクゼーションを行なう。まずは足に意識を集中し、温かく緊張のほぐれたイメージを送り込んでください。それができたら少し上の部分に意識を集中させて、同じようにリラックスさせていきます。これは時間をかけて行なってください。時間をかけるほど、より深くリラックスすることができ、よりよい結果が得られるようになります。頭にたどりついたころには、心身の緊張がすっかりほぐれているはずです。このとき、腕と足は重い感じになり、心と肉体の結びつきが弱まったように感じます。

⑥目を閉じて周囲の景色をシャットアウトし、心の中で想像したストーリーが進展していくにまかせる。

⑦瞑想を行なってから数日は、夢に注意を払うようにする（本書で紹介しているほかの瞑想についても同様です）。これらのエクササイズで潜在意識に強く働きかけると、必ず夢に反応が表れてきます。ただ、その夢は過去の生のものであるとは限りません（もちろんそのような夢を見る人もいます）。それらの夢で注意してもらいたいのは、自分が

どんな気持ちか、その気持ちは夢の中の誰に対するものかといった点です。それらはしばしば、その人についてあなたが抱いている感情や問題を反映したものになっています。なお、このエクササイズは寝る前に行なうと夢への影響が増幅され、いっそう強い啓示を得ることができます。

⑧このエクササイズに先立って、40〜45ページで紹介した「人生のサイクル」のエクササイズを行なうこともできます。その場合、このエクササイズを最初に始める前日から行なってください。人生のサイクルのエクササイズは過去の探求の基盤となるエクササイズで、あなたの豊穣な想像力を解放して潜在意識の扉を開いてくれます。たとえ限定的な成果しか上がらなかった場合でも、ほかのエクササイズの効果は高まります（直接組み合わせた場合も、そうでない場合も同様です）。

過去の生の探求に本気で取り組みたいときは、つづいて紹介する「人生のギャラリー」のエクササイズが効果的です。このエクササイズを最初に始めるときは、7日連続で行なってください。ほとんどの人は、1週間以内に成果が表れます。それからひと月は、この期週に1、2回のペースで行なうとよいでしょう。少なくとも私の知る限りでは、この期間内で必ず何らかの過去の生の情報を得ることができます。その後は、ほかのエクササイズと組み合わせてときどき行うとよいでしょう。

⑨ひとたび「人生のギャラリー」の扉が開ければ、過去世の特定の探求に的を絞ったほかのエクササイズもずっとスムーズにできるようになります。最初に1週間続け、その後少なくとも1カ月間、週に数回のペースでやることが重要な理由もそこにあります。このエクササイズは、満月の時に行なうといっそう効果的です。過去の生の探求を1年以上にわたって続ける場合は、満月の頃にやることを習慣にすると、内なる扉を開いたままにしておくのに役立ちます。

⑩過去の生を探る他のエクササイズやセラピーに先立って行なうのも効果的です。とりわけ、第6章で紹介する「人生の樹」に関わるセラピーには効果があります。

エクササイズ

人生のギャラリーの実践例

あなたは金色の長いらせん階段の最上段にいます。その階段はゆるやかなカーブを描きながら、霧の向こうに消えています。恐怖心はなく、むしろこれから明らかになることへの期待で、あなたの胸はふくらんでいます。

あなたは階段を降り始めます。1歩降りるごとに、心身がどんどんリラックスしていきます。あなたはゆっくりと、静かに階段を降りていきます。階段を降りるのはとてもいい気分です。下へ、下へ、さらに深い場所へとあなたは降りていきます。歩を進めるにつれて心身の緊張はいっそうほぐれ、あなたはリラックスすることの気持よさを思い出します。

さらに降りていくと、どんどん体が軽くなってきます。足も階段に触れているか触れていないかという感じです。深いところに降りていくにつれて、あなたはどんどん軽くなり、ふわふわした気持ちになっていきます。あなたは霧の中にいますが、不快感はありません。霧は美しく、あなたの心を癒《いや》してくれます。こんなに心が軽く、解放された気分になったのは久しぶりです。

すっかりリラックスして心身ともに軽くなったあなたは、階段から浮いて、滑るように降りていきます。天から舞い降りていく、ふわふわした雲になったような気分です。眼下には、階段の終わりが見えてきました。霧も晴れてきて、あなたはふわりと床に降り立ちます。この上なくリラックスした、穏やかな気分です。

●

あなたは今、円形の部屋の真ん中にいます。突き当たりに、大きな樫《かし》の扉が見えます。その扉に引き寄せられるように、あなたは歩き出します。近づいてみると、ドアにはあなたの名前が刻まれています。名前の下には、外国の言葉らしき文字が彫られています。あなたはゆっくりと手を伸ばし、その文字を指でなぞります。そして、それが以前ここを訪れたときの自分の名前であることに気づきます。

●

あなたが手を引っ込めると、扉が内側に開き、青と金色の光があふれ出します。その光はあなたを包み、あなたの体を通り抜けます。あなたは今、光に抱かれています。その光が、あなたを扉の向こうへといざなっています。あなたは目を閉じ、歓喜の光に身をゆだねます。

あなたは目を開けて、注意深く一歩を踏み出します。敷居をまたぐと、扉はあなたの後ろで静かに閉まります。青と金色の光が薄らいでゆき、目の前に表われたのは、美術品を展示している古い倉庫のような場所です。

あなたの周りには、世界中の美術品が飾られています。銅像、絵画、民族衣装。本や武器、彫刻や食器などもあります。どうやらここには、ありとあらゆる時代の品々が集められているようです。その中の一部はどの時代の物か見当がつき、知っている美術品もありますが、それ以外の物は見たこともない、奇妙な品々です。展示品の多くは蜘蛛《くも》の巣やほこりをかぶっていますが、保存状態は良好なようです。

部屋はいくつかのコーナーに分かれ、ブースが置かれています。それらのコーナーやブースには、世界の歴史における特定の時代や場所の品が展示されています。しかし、いちばん近くのブースを見ているうちに、あなたは気づきます。それらは世界の品々などではありません。

そこに飾られているのは、あなたの子供のころに着ていた服です。あなたが大好きだったおもちゃもあります。ここは世界の展示品を集めたギャラリーなどではなく、あなたの人生のギャラリーだったのです。飾られている品々は、いずれも今のあなたという存在を育んできたものばかりです。

そのことに気づいた瞬間、左の小さなスペースだけを残してギャラリーは真っ暗になります。明るく浮かび上がる仕切りの壁に、あなたは近づいていきます。その向こうに何があるのかと、あなたは興味をかき立てられます。

●

仕切りの壁の裏に回ると、そこには金色の額縁に収められた等身大の人物画が飾られています。人物はぼやけていますが、あなたは直感的に、それがあなた自身を描いた物であると感じます。その瞬間、あなたの心の中に、穏やかな声がはっきりと聞こえてきます。

「これはお前の人生のギャラリーだ。ここにはお前の過去のあらゆる品物や、出会ったすべての人間の思い出が収められている。現世に影響を及ぼしている過去の生のリズムを知るのに必要な情報は、すべてここにある。見るのも見ないのも、お前の自由だ」

声はそこで途切れ、あなたは人物画を見つめます。絵がきらめき、あなたと絵の間にそよ風が吹きます。その瞬間、絵はくっきりと浮かび上がります。あなたはそれを観察し、手で触れて、確かに目の前に存在していることを実感します。

人物画をもっとよく調べてみましょう。性別、服装、肌の色や髪の毛の色を確かめてみてください。そこに描かれているのは、あなたがよく知っている人物のようです。その人物が裕福だったか貧しかったか、何をして働いていたか、幸せだったか不幸だったか――それらのことを、あなたはすべて知っています。その顔を見つめているうちに、あなたの記憶はどんどん甦ってきます。

人物画の右下に目を向けると、額縁に小さな真鍮《しんちゅう》のプレートがついています。そのプレートには、日付が刻まれているようです。あなたは手を伸ばし、その数字を一つずつ、指でなぞっていきます。額縁の左下の角にはもう一つプレートがついていて、そこには地名が刻まれています。それは国の名前かもしれませんし、都市や町の名前かもしれません。あなたは、その文字にも指を触れてみます。

あなたは目を上げ、あらためて人物の顔を見つめます。すると、背後に二つの人影が見えてきました。一人は男性、もう一人は女性です。二人の顔を見ていると、かつての関係が思い出されてきます。彼らはあなたの友人であったり、恋人であったり、あるいは家族だったりした人々です。その顔を見ているうちに、二人に抱いていた気持ちも甦ってきます。あなたが二人のことを見つめていると、二人の姿はよりくっきりと浮かび上がってきます。

●

過去の生における二人との関係をあなたがすっかり思い出すと、二人の顔はぼやけてしまいます。ところがすぐに、二つの顔は再び形を取り始めます。ただ、先ほどとはどこかが違います。今度の顔は、いずれも現世で知っている人たちです。二人の顔がはっきりしてくるにつれて、彼らとの関係に対する理解も少し深まったようです。あなたは彼らを観察し、手で触れて、確かに目の前に存在していることを実感します。

と、二つの顔は再びかげっていきます。残ったのは、あなたの姿だけです。見つめているうちに、二つの瞳に命の輝きが宿ったように感じられます。その瞳はあなたを見つめています。すると頭上に、何かの言葉が現われてきます。それは、過去の生からの現世へのメッセージです。どんな文字が浮かび上がるかを、最後まで見守って確かめましょう。
それを見ているうちに、あなたは自分への理解が少し深まったことを認識します。その瞬間、人物はかげり出し、消滅してしまいます。目の前にあるのは、何の絵も飾られていないただの額縁です。

あなたはため息をつきます。まだまだわからないことだらけです。もっと知りたいことがたくさんあるのです。あなたが一歩下がると、ギャラリー全体に再び明かりが灯ります。会場はどこまでも広がっているように見えます。あなたが知るべきこと、思い出すべきことはまだまだ無数にあるようです。
あなたは踵《きびす》を返して扉に向かいます。扉の前で立ち止まると、再び声が聞こえてきます。

「これはお前のギャラリーだ。扉は常に開かれている。その気になればいつでも、今日見たことをさらに深く探ったり、過去に経験した他の生について知ることができる。過去の学びを思い出せば、未来を変えていくこともできるだろう」

扉がゆっくりと開き、あなたは金色と青の光に包まれます。光の抱擁と祝福を受けながら、あなたは扉をくぐります。扉は後ろでしまりますが、いつでも開けられるということがあなたにはわかっています。あなたは刻まれた名前に軽く触れ、階段に向かいます。

あなたは心身ともにリラックスしています。穏やかな気分ですが、心の中には新たな発見の興奮があふれています。霧の中、ふわふわと流れるように階段を昇りながら、あなたは今の体験を思い起こします。自分に対する見方も、絵の中に現れた二人に対する見方も、今では変わっています。そしてあなたの心には、未来への強い確信が生まれています。

5 前世を呼び戻す瞑想

——シンプルで高効果の瞑想法を身につける

「**瞑想**（メディテーション）」については多くの書籍があり、方法もさまざまです。人の数だけ瞑想の種類があると言っても過言ではありません。重要なのは、どの方法（あるいは方法の組み合わせ）が自分に合っているかを見つけることです。過去の生の探求では、瞑想のやり方によって、意識の深層からの情報の引き出しやすさが違ってきます。

目を閉じて、外界の感覚をシャットアウトしてください。あなたは生の別の領域に入っていきます。それは物質界よりも刹那《せつな》的で移ろいやすい世界ですが、物質界と同様に現実です。その領域はあなたの人生に影響を与え、あなたが今、学び始めた作用によってあなたの人生を育んでいます。それはあなたが夢を見たり、未来に思いをめぐらしたりする世界です。あなたはそこで身の回りの隠れた真実を解き明かしたり、過去を再発見したりすることができます。

瞑想の手順はそれほどむずかしいものではありません。問題は、イメージを見ることができるかどうかです。そのためには世界に対する知覚を変えなければなりませんが、それは意識の状態を変えることによってなされます。

意識の状態の変化（「**意識変性**」）は、私たちの誰もが体験しています。夢を見ることもその一つですし、文章を読むことによってもしばしば意識が外界から遊離します。ジョギング、針仕事、長距離のドライブ、音楽鑑賞なども意識の状態を変える行為です。瞑想を行なうと、コントロールしながら意識を変性させることができます。

瞑想の目的はさまざまですが、いずれの場合でも、最も効果が高い瞑想法は、やり方も極めてシンプルです。考えたり理解したりする力が多少なりともある人なら、時間をかけて練習すれば、誰もが会得《えとく》できます。本章で解説する過去の瞑想法を行なえば、それほど時間を経ずして、必ず何らかの結果が現われてくるはずです。

優れた瞑想法はどれも、3つの能力が基盤となっています。その能力とは「**イメージ力**」「**集中力**」「**ゆたかな想像力**」です。

「**イメージ力**」は、心に映像を描いて、それを維持する能力です。この能力については、いかにリアルに想像できるかが鍵となります。簡単な練習法をご紹介しましょう。一個のみかんを頭に思い描いてください。形、大きさ、色をできるだけはっきりと思い浮かべます。手触りも想像してみましょう。指で穴を開けて皮をむくときはどんな感触でしょうか。しみ出した果汁はどんな匂いがしますか。食べたときの味も、できるだけ鮮明に想像してみてください。

「**集中力**」は、雑念を払って一つのイメージを維持するのに欠かせない能力です。練習さえすれば、一つのイメージに集中することは誰にでもできます。1から10までゆっくりと数えてください。それらの数字を順に頭に思い浮かべていきます。他のことを考えず、次の数になるまでイメージを浮かべ続けてください。

これは思うほど簡単ではありません。そのことをわかってもらうため、このエクササイズをセミナーでもよく用いています。その際、数の数え方には緩急をつけます。他のことが頭に浮かんできてしまった人はもっと練習が必要です。「なんだ、簡単じゃないか」という思いが浮かんできただけでも不合格です。このような「**抵抗**」の現象については、次章でさらに詳しく見ていきます。

過去の生の瞑想のために高めなければならない第3の能力は、豊穣《ほうじょう》な想像力です。意識はこの能力を通じて、瞑想でもたらされる思考の種に関連したイメージや場面を描き出していきます。なお、イメージは平面ではなく、立体的に思い浮かべることが大切です。前章のエクササイズを行なっていれば感覚がつかめるでしょう。思考の種は、古い人物画があったギャラリーの展示物です。ただし、絵の内容はあなた自身が想像する必要があります。「**ゆたかな想像力**」（想像による認識）は、エネルギーと存在に対する真の霊的知覚の扉を開く鍵です。より天に近い領域のエネルギーは、イメージの形を取らない限り、私たちが認識して活用することはできません。私たちの想像は、通常の知覚可能な世界を超越した領域における現実なのです。私たちはこれを通じて、この世界の形や色に基づく新たな認識や体験を生み出していきます。

過去世の瞑想を行なうときに想像力を用いると、より高次の直観や霊感を引き出せるようになり、自らの境遇を新たな視点で見つめられるようになります。物質的、霊的に豊かな創造性を有している人は、ありふれた情報や体験を転換して新たなものを形づくれることに気づきます。それにより、私たちは新たな自己発見をし、カルマのサイクルから抜け出すのに必要な啓示を得ることができます。

右脳と左脳、その情報処理の違い

私たちの頭蓋骨に収まっている脳は、異なる認知をつかさどる2つの領域――「**右脳**」と「**左脳**」に分かれています。性質の違ったこの2つの領域は、過去の探求に必要な変性意識への移行をスムーズに行なううえで、ダイナミックな役割を果たします。

右脳と左脳は同じ情報を受け取りますが、処理の仕方は異なっています。左脳は支配的な役割を果たすことが多く、右脳をコントロールしたり抑制したりする傾向があります（とりわけ自由主義社会の人々にはこの傾向が顕著です）。左脳が得意とするのは分析、計算、時間の判断、計画、論理的解釈、順序だった行動などです。また、言葉を話したり、文章を作ったり、論理的に結論を導き出したりするのも左脳の役目です。左脳は生において逐次的、直線的なアプローチを行ないます。

右脳の直感で瞬時に答えを得る

私たちの脳は、別の形でも認知や学習を行なっています。それをつかさどっているのが右脳で、想像や、現実の記憶を視覚化します。空間中に物体がどのように存在しているか、部分がどのように全体を構成しているかといったことを認識するのも右脳の働きです。そのほかにも、シンボルや暗喩《あんゆ》を理解したり、夢を見たり、概念の新しい組み合わせを考え出したりといった働きがあります。

右脳の直観や飛躍的な洞察力を活用すれば、論理的思考を経ずに瞬時に答えを得ることができます。右脳は主観的に働き、時間にとらわれず、関連性に基づいて処理を行ないます。最も秀でた能力の一つは、イメージ力です。右脳はイメージを生み出し、それを心のスクリーンに

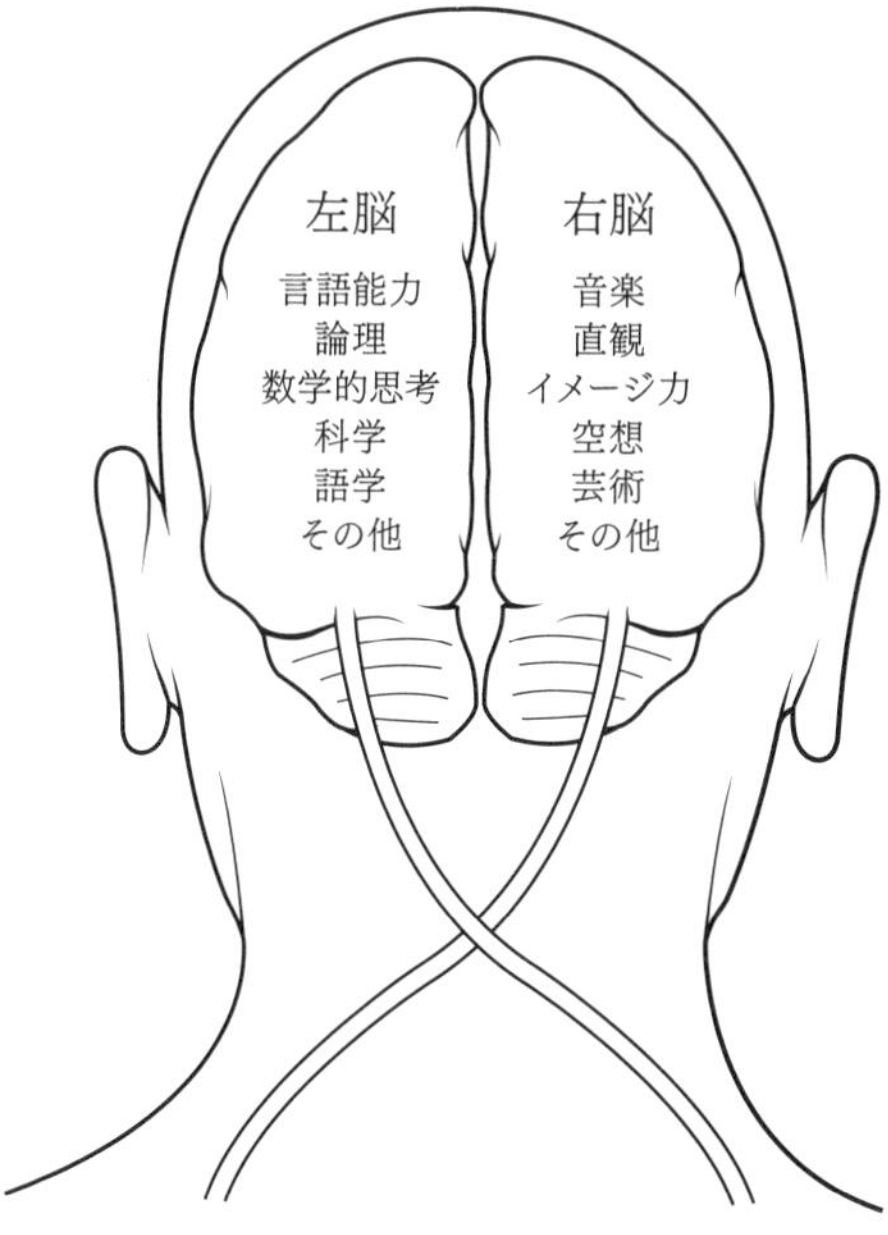

[脳の２つの領域]

変性意識を通じて過去の生の探求などを行なうときには、右脳を活用すると深層意識の深いレベルに降りていくのが容易になります。古い記憶はそこに収められています。

投影することができます。右脳がもたらすイメージには、過去や現在、未来の情報やデータが反映されることがあります。

潜在意識には前世の記憶が眠っている

瞑想には2つの基本形があります。それ以外の瞑想法は、すべてこの2つから派生したものです。第1の方法は「**受動的瞑想**」です。この瞑想法では、マントラや概念、シンボルなどを用い、心に自由にイメージが浮かんでくるようにします。

第2の方法は「**能動的瞑想**」です。こちらは他の雑念を振り払い、シンボル、イメージ、文章、概念などに強く思いを凝《こ》らし、それらのシンボルや概念から連想されるあらゆるイメージを引き出していきます。過去世を探るときに最も効果的なのは、後者の能動的瞑想です。

過去世の瞑想では、右脳のイメージ力を活用すると、古い記憶がある潜在意識の深い領域に、より確実に降りていくことができます。深層意識の深い部分に特定のイメージやシンボルを用いると、潜在意識に眠る過去世の記憶を目覚めさせ、顕在意識への道を作って引き出していくことができます。

潜在意識はイメージやシンボルを介して私たちに語りかけてきます。通常の言語を潜在意識が理解することはできません。過去の生の情報を引き出すには、特定のイメージやシンボルに

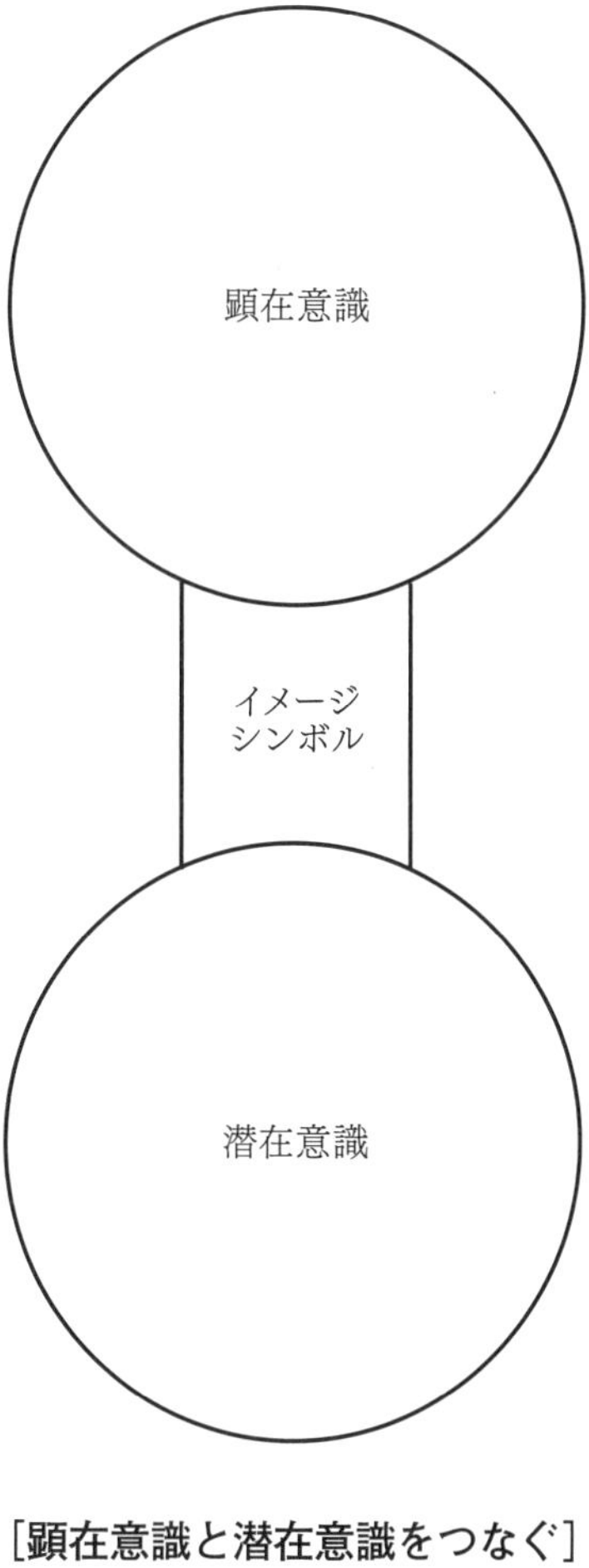

[顕在意識と潜在意識をつなぐ]

右脳のイメージ力を活用すると、顕在意識と潜在意識の間に道を作り、過去の生の記憶を甦らせることができる。

集中し、右脳を通じてメッセージを送る必要があります。

古い記憶を引き出すのに役立つシンボルやイメージはたくさんあります。本書ではそのためのさまざまな方法を章ごとに紹介しています。もちろん、これらの方法がすべてではありません。しかし本書では、簡単かつ効果的で、確実に結果が出るものを厳選しています。

●――過去世の探究に役立つ芳香

過去世の探求などで変性意識を活用するときに役立つ物はいろいろありますが、芳香やフラワーエッセンス、クリスタル、宝石などは特に効果があります。これらは周囲のエネルギーを変化させ、瞑想に適した意識の状態を作るのを助けてくれます。集中した状態を作ってそれを維持したり、過去の生のイメージに意識を集中させるのに役立ちます。

ハーブ、エッセンシャルオイル、お香などの匂いは、変性意識への移行に最も効果的なものの一つです。芳香はそれぞれの性質に応じて周囲と本人の波動エネルギーを変化させ、私たちの心理層にひそやかな影響をもたらします。それにより、意識の深い領域に降りていくのが容易になります。

過去世の瞑想では、芳香が外界への関心を内側に向けるのを助けてくれます。とりわけ効果的なのはエッセンシャルオイルで、さまざまな形で利用することができます。瞑想前の入浴でバスタブに入れれば、体にしみこんだ芳香が瞑想中に効果を発揮します。量はキャップに半分程度が目安です。エッセンシャルオイルには非常に強力な作用があります。

瞑想の前に1、2滴、体にすり込んでもよいでしょう（オイルによっては肌への刺激が強すぎることがあるで、水で薄めて使ってください）。また、小さな深皿に水を張ってオイルを1、2滴たらし、過去世の瞑想を行なうときにそばに置いておくと、周りの空気が芳香で満たされます。

お香は瞑想の前に火を付けてたいておきます。お線香であれば、瞑想中に燃やし続けてもかまいません。

過去世の瞑想に効果のある芳香は10種類です。1つずつ紹介していきますが、これらは必ずしも効果の高い順ではありません。どれが最も効果的かはご自分で確かめてください。人のエネルギー系には個人差があり、その反応も人によって異なります。このリストはあくまで目安とし、実際に用いて効果を確認してください。効果はオイルの組み合わせによっても変わります。自分に最も合ったパターンを探してみてください。

［ユーカリ］

瞑想で幅広く使える強力なオイルです。眉間に1滴たらすと「**第三の目**」が活性化され、内なるビジョンを喚起することができます。また、過去世の瞑想で喚起される感情による悪影響も防ぐことができます。

［乳香］

あらゆる瞑想の効果を高める優れた香りで、ビジョンを引き出すのに役立ちます。乳香は霊感を高め、より深く見通す力をもたらしてくれます。過去世の瞑想で用いると、前世の影響で強迫的に行なっている行動に気づくことができます。

［ヒヤシンス］

転生のエクササイズや、退行催眠で出生のトラウマを探るときに効果を発揮する香りです。落ち込みの原因を過去世の瞑想で探る場合にも有効です。妊娠した女性が胎児に宿る魂と同調するために瞑想を行なう際にも、この香りが役立ちます（この瞑想については第8章で述べます）。

［ラベンダー］

昔から魔術的力を有すると考えられてきたハーブです。過去世の夢を喚起するのに役立ち、寝る前の瞑想で用いると特に効果が高まります。結婚相手や恋人とうまくいかない原因が過去にある場合、それを探るのに役立つほか、カルマに起因する心理的抵抗や、それを克服する方法を探す際にも有効です。過去世の瞑想で、霊的成長を阻害している内的葛藤《かっとう》や心理的抵抗の原因を明らかにしたりするのにも役立ちます。

[ライラック]

深層意識の深い領域の記憶を喚起する作用があり、過去世の瞑想で大きな効果を発揮します。後頭部の延髄《えんずい》のあたりに塗ると特に効果的です。瞑想体験を霊的なものに高めることができ、大いなる記憶や透視力を活性化して過去世を思い出すのを助けてくれます。あなたの魂にもともと備わっている美徳を認識するうえでも大いに役立ちます。

[**没薬**（もつやく）]

昔からヒーリングや浄化に用いられてきた強力な香りで、人生の妨げになっている過去世の記憶を引き出すのに役立ちます。夢を通じて過去を明らかにする効果もあります。

[**オレンジ**]

前世療法で感情的なトラウマを解放する際に効果を発揮します。興奮状態を鎮《しず》め、クリアーな視点をもたらす作用があるほか、夢を通じて、恐怖をもたらしている過去世の体験のヒントを与えてくれます。

[**サルビア**（セージ）]

過去が現在に与えている霊的影響を知るのに役立つ、強力なパワーを持った香りです。過去世の瞑想で用いると、あらゆる時代を明らかにしてくれます。また、過去と現在とのつながりをより大きな視点で理解し、一つのものとしてとらえるのを助けてくれます。サルビアには、永遠の生を実感させ、魂が一度の生をはるかに超えた存在であることを認識させる作用があり、現在の基盤になっている過去の霊的進歩を把握するのに役立ちます。

［ビャクダン］

さまざまな用途に用いることのできる汎用性の高い香りで、変性意識へのスムーズな移行を助けてくれます。こめかみにつけると瞑想時の集中力が高まるほか、瞑想を通じたより高次の気づきの妨げになっている障害も取り除いてくれます。

［フジ］

神秘学者や形而上学者、ヒーラーたちが、より高次の波動に至るために古くからさまざまな形で用いてきた芳香です。過去世の瞑想で用いると、過去に育んできた創造性を引き出すことができるほか、顕在意識と、より古い記憶が眠っている潜在意識をつなぐ道を開くことができます。これにより、過去の啓示も甦ってくるようになります。

●──過去世の探究に役立つフラワーエッセンス

フラワーエッセンスは樹木やハーブなどのさまざまな植物の花から抽出されたエッセンスで、植物の物質的成分ではなく、それらを支えているエネルギーを単純な化学的プロセスで引き出したものです。人体には無害で、他の薬物との組み合わせで悪影響が生じることもありません。花にはすべて個性があり、固有の周波数の波動を持っています。個人に与える影響もそれぞれに異なっています。エッセンスには花のエネルギーパターンが凝縮されており、数滴服用することでその人の波動パターンを変化させたり新たなパターンを生み出したりすることができます。

●

フラワーエッセンスは特定の機能や目的に応じて使い分けることが可能です。ここでは過去世の瞑想やエクササイズなどで用いると効果があるものを紹介していきます。

［ブラックベリー（クロイチゴ）］

創造的なイメージを浮かべたり瞑想したりする際に有効です。現世に引きずっている過去世の問題を解決したいときに、クリアーな視点をもたらしてくれます。また、過去に学んだより高次の教えを思い出して現世に生かせるようになります。

［ブラックアイドスーザン］

前世療法においてダイナミックな効果を発揮します。現世において妨げとなっている過去の問題を見きわめるのに役立つほか、死についての新たな視点をもたらしてくれます。過去の重要な問題に向き合うことに無意識に抵抗を感じている場合、その抵抗を取り除くのにも役立ちます。

［カリフォルニアポピー］

内なるビジョンや直観を高めるのに役立ち、あらゆる瞑想の助けとなります。輝かしい前世にこだわってしまう人に効果があるほか、心に深く刻まれた過去のカルマを徐々に解放するのを助けてくれます。

［チャパラル］

意識の深層を活性化させる効果があります。現世に新しい形で引き継がれている過去の生のパターンを見きわめるのに役立つほか、現世に影響を与えている過去の問題や出来事を夢に表出させてくれます。

［ワスレナグサ］

より深い層の記憶を喚起し、顕在意識と潜在意識をつなぐ道を開いてくれます。過去世の瞑想では、人生において重要な存在となっている人々とのカルマ的つながりを明らかにするのにとりわけ有効です。

［アイリス］

過去に育んだ創造的能力を解放するのに役立ちます。過去世の探求を通じて霊感を高め、若さを取り戻す効果もあります。

［ハス（ロータス）］

他のフラワーエッセンスの効果を高めてくれます。より深い意識を覚醒するのにも役立ちます。瞑想後に用いると、過去世の体験と現世の状況を同調させ、一つの流れとしてとらえるのを助けます。あらゆる形態の瞑想をダイナミックに助けてくれるエッセンスです。

［ヨモギ］

瞑想中の認知力を高めてくれます。直観と豊穣な想像力を活性化させ、過去の夢を喚起します。瞑想体験から現世の洞察を得るのにも役立ちます。

［オトギリソウ］

瞑想で最も役立つエッセンスの一つです。変性意識へのスムーズな移行を助けるほか、過去の生の夢を引き出す際にもダイナミックな効果を発揮します。過去への扉を開くことへの恐怖を和らげる作用もあります。また、瞑想中の知覚を高め、死に対する新たな視点や心構えに目覚めさせてくれます。

［セイヨウツボグサ］

過去から引き継いでいるカルマや現在のカルマで自分に求められていることに向き合う力を与えてくれます。過去世の瞑想では、現世でさらに追究している前世の学びに気づくのを助けてくれます。

また、前世に起源を持った癒しの必要なトラウマを明らかにする効果もあります。

［スターチューリップ］

より大規模に過去世の記憶を引き出したいときに優れた効果を発揮します。過去世の夢を見たときにそれを記憶にとどめてくれる作用もあります。また、直感力を高め、瞑想体験をより深いものにしてくれます。過去と現在の融和にも役立ちます。

［タイム］

意識をスムーズに変性状態に移行させるのを助けます。直観を高めてくれるほか、前世療法や時代の記憶の回復にも大変有効です。

過去世の探究に役立つ宝石とクリスタル

クリスタルや宝石はこの10年とりわけポピュラーですが、いずれも古くから用いられてきたものです。これらは電気エネルギーの自然な形態の一つで（「**圧電気**」と呼ばれる）、固有の周波数を持つ波動を発しています。このため、特定の変性意識状態をもたらすのに有効なものがあります。

過去世の瞑想においては、目的に合ったクリスタルや宝石を握っているだけで効果が発揮されます。小さなものを眉間にテープで貼るのも効果的で、電気エネルギーによって「**第三の目**」が活性化されて内なるビジョンが喚起されます。

水晶のクリスタルはプログラムして過去世の情報を引き出すのに用いることもできますが、以下のクリスタルや宝石は自然に同様の効果を発揮してくれます。

［**アメジスト**］
あらゆる瞑想に優れた効果を発揮する宝石です。通常の意識からより深層の意識に移行するのを助けてくれます。赤と青が組み合わさった紫色は、物質と霊、現在と過去の象徴でもあります。

［**カーネリアン**（**紅玉髄**）］
オレンジ色の宝石で、名前はラテン語で「肉体」を意味する言葉に由来します。過去の肉体と現在の肉体に結び付いており、過去世の瞑想においては、過去の知識を生かして現世を変えていくための洞察をもたらしてくれます。

［**両錘透明水晶**］
両端がとがった水晶で、あらゆる種類の瞑想に大きな効果があります。2つの先端は2つの領域の結び付きを象徴しており、過去世の探求で用いると、過去がどのように現在に反映されているかという気づきを助けてくれます。

［ヘマタイト（赤鉄鉱）］

潜在意識とそこに眠る記憶を覚醒させる効果を持った銀灰色の石です。前世への退行催眠でとりわけ効果を発揮します。徐々に過去世の認識をもたらし、現世との関連でとらえるのを助けてくれます。

［ラピスラズリ］

前世療法に大きな効果を発揮します。小さな石を瞑想時に額《ひたい》に貼ると、閉ざされていたり抵抗を感じたりしている潜在意識の領域に潜っていくのを助けてくれます。もはや縛られる必要のない、決別すべき過去の出来事にも気づかせてくれます。また、現世に引き継がれた古いトラウマや生のパターンを認識し、それらを癒したり克服したりするのも助けてくれます。

［ファントム・クリスタル］

過去世の瞑想で強力なパワーを発揮し、本来の現実である次元や領域についての示唆をもたらしてくれます。土中の成分（鉛など）が含まれてファントム（影）を形成しているものは、とりわけ大きな効果があります。これらのクリスタルは、現世に投影された過去の生を象徴しています。

［タビー・クリスタル］

やはり過去世の瞑想で効果を発揮するクリスタルです。平たいクリスタルで、一対の側面が他の側面よりも大きく、広くなっています。過去と現在、顕在意識と潜在意識、肉体と霊を結び付け、2つの点を線でつなぐ洞察をもたらします。過去世の瞑想で用いると、過去の学びを建設的な形で現世に取り込み、古い行動パターンから脱却するのを助けてくれます。また、過去世の記憶に対する過剰な感情的反応も抑制してくれます。

6 「人生の樹」を用いた前世療法

有効なイメージで記憶を呼び覚ます

過去世の記憶を呼び覚ますのに有効なイメージはたくさんあります。いずれを選択する場合でも、意識的に選ぶようにしてください。

何より重要なのは、目的に合ったイメージを選ぶことです。特定の効果を持ったイメージを選択して集中することを会得するプロセスはたいへん神秘的なものです。過去世の瞑想で用いる場合は、瞑想で探求する範囲をカバーしているイメージを選ぶようにします。この条件に合わないイメージを用いると、潜在意識の記憶を引き出すのが難しくなります。

魂はショックから身を守るためのガードを設けています。瞑想やエクササイズでは、この点を理解しておくことも大切です。過去世の探求は節度をもって行なえば（毎晩くり返して輝かしい過去の記憶に溺れ、現実に生かそうとしないような態度は禁物です）、主に現世に関わる記憶のみが引き出されてきます。ただし、それがどの分野にどのように影響を与えているかという点は、すぐにはわからないことも珍しくありません。

しかしながら、最も強く影響が出ている分野を明らかにするのに役立つ方法も存在します。過去の探求では、特定のことに的を絞って探っていくことが可能です。たとえば、恋愛に関係した悩みがある場合は、それが過去の生に起因するのか、それとも現世における新たな学びなのかを、過去世の瞑想を通じて知ることができます。

カバラの瞑想の基本イメージ「人生の樹」

そのような目的に適した瞑想法の一つが「**カバラの瞑想**」です。カバラは古代の神秘主義で、宇宙の形成などの理論を説く一方、顕在意識のさまざまな領域に移動して宇宙の多様なエネルギーを引き出していく方法など、より実用的なことも教えています。また、潜在意識の各領域に降りていって天のさまざまな力やエネルギーと交わる方法なども説いています。

「**人生の樹**」は、このプロセスを教えるときに用いられる基本的なイメージで、10種類の領域を表しています。各領域はそれぞれに対応したエネルギーと特性を持っており、その領域に到達することでそれらを活用することができます。本書ではこのあたりの詳細には踏み込まず、過去世の探求における人生の樹の活用という点に的を絞ってお話しします。

人生の樹は古代から用いられているシンボルで、成長と進化の象徴であるとともに、天と地をつなぐ道を示しています。過去世の探求でこのイメージを用いると、大きな効果が現われます。樹は大地に根ざしながら、より高く枝を伸ばします。私たちもまた、過去に根ざしつつ、新たな高みを目指しています。

人生の樹の各領域は、古くからさまざまなシンボルや分野と結び付いてきました。これらはそれぞれの領域において潜在意識レベルで活用できるエネルギーを象徴しています。代表的な分野の一つは占星術です。各領域は異なる惑星に対応し、その影響は潜在意識の特定の領域で感じることができます。各領域と結び付いたシンボルや色は、潜在意識の特定の扉を開き、過去の特定の記憶を引き出すのに活用できます。

これらを用いれば、現在の状況の原因が過去にあるかどうかを見きわめることも可能です。たとえば、何かとウマの合わない人がいるときには「**火星の領域**」のシンボルやイメージを用いると、その原因が過去にあるのか、それとも新しい試練であるのかを明らかにするのに役立ちます。人生の樹を取り入れて前章の瞑想法を行なうだけで、そのような効果を引き出すことができます。

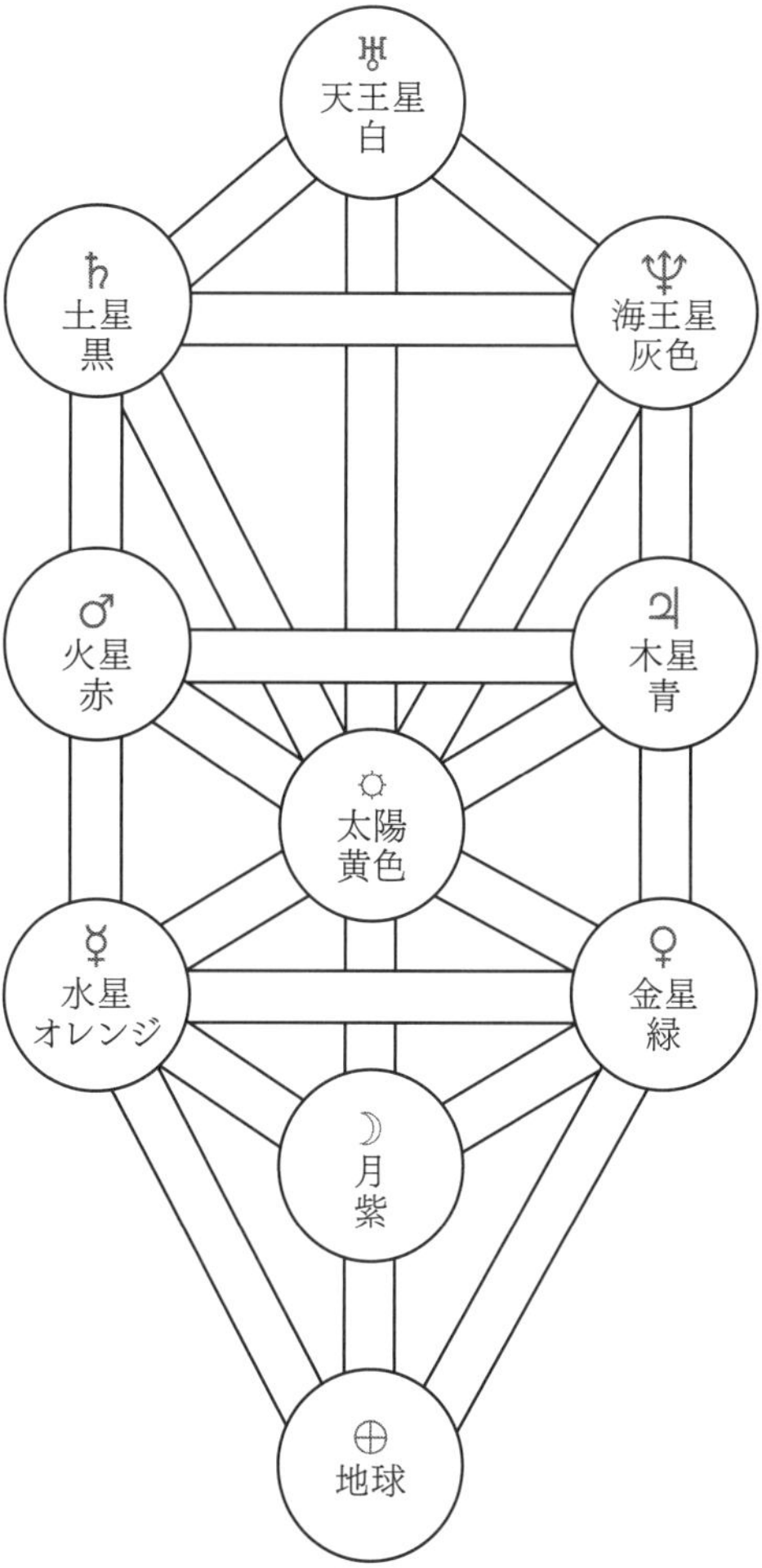

[人生の樹]

このしくみを理解するには、人生の樹の各領域がどのような情報をつかさどっているかを知らなければなりません。潜在意識の各領域は、良いものも悪いものも含め、過去世の原因や生のパターンによってもたらされているあらゆる問題や人間関係、才能などを解き明していくのに役立てることができます。

ただし、過去世で持っていた才能が明らかになったとしても、その才能が現在開花しているとは限りません。過去の才能は再び覚醒《かくせい》させ、育んで、さらに伸ばしていく必要があります。人間関係についてもまったく同じことが言えます。

過去に育んできたものは、現世で初めて身につける場合より、比較的容易に伸ばしていくことができます。とはいえ、それなりの努力と時間は必要です。このあたりは、文章を読むことを学ぶ過程を考えるとわかりやすいでしょう。学ぶスピードが速い人もいますが、誰もが基本的なものから段階を踏んで進んでいかなければなりません。過去世がどのようなものであったにしろ、さらなる高みに至るには、再び同じものを現世で獲得しなければならないのです。しかしながら、過去に何を育んできたかを知ることができれば、それらを現世における前進の指針にすることができます。

［地球の領域］

現在私たちがいる場所です。瞑想もこの領域から始まります。人はあらゆる物事を現世との関連でとらえ、現世に生かしたいと願っています。たとえ体験したことが問題の解決に役立たなくても、その体験は新たな視点をもたらし、物事により建設的に対処したり、新たな理解に至ったりするのを助けてくれます。どのような体験にも必ず意味があるのです。

［月の領域］

潜在意識のこの領域を活性化させて過去世の瞑想を行なうと、特定の出来事の原因を知ることができます。人生の計画に大きな障害が生じている原因が過去世にある場合は、その原因に思い至るのを助けてくれます。また、良い物も悪い物も含めさまざまな感情（あるいは無感情）と過去世の関わりについての情報ももたらしてくれます。過去に直感が覚醒されたときの状況についても示唆を得ることができます。

［水星の領域］

潜在意識のこの領域を活性化させて過去世の瞑想を行なうと、教育面のつながりを知ることができます。あなたと教師の関係、あるいはあなたが教師であれば生徒との関係などが明らかになります。教育やコミュニケーション、科学などに関することは、この領域を通じて明らかにしていくことができます。

あなたに対して不正直な人がいるときは、この領域で過去世の関係を探るとよいでしょう。

なかなか真実に向き合えないという人も、やはり水星の領域を活用することができます。話をしたり、他人が話しているときに耳を傾けるのが苦手な人は、この領域で過去世を探ると原因がわかる可能性があります。

［金星の領域］

過去世の人間関係（とりわけ恋愛関係）におけるつながりや、パターンを知りたいときに役立ちます。この領域を活用すると、セックスや他者との関係に関する過去世の原因を探るのが容易になります。過去世で育んだ創造的・芸術的エネルギーや能力を知り、それらを高めていくのにも有効です。幼くして身についている才能をもたらした過去世の体験を明らかにしたいときにも役立ちます。

［太陽の領域］

健康や幸福に関する過去世の探求に役立ちます。潜在意識のこの領域を活用すると、宗教に関する過去世の起源を探るのが容易になります。不安や嫉妬、プライドなどの根を明らかにするのにも役立ちます。理想を追い求める態度、共感力、癒しの能力などの多くは過去の努力によって身についたものですが、それらがどのように培《つちか》われたのかについても啓示《けいじ》をもたらしてくれます。

［火星および冥王星の領域］

破壊的な性質を持った問題や人間関係と、過去世との関わりを探るのに適しています。残酷さや意思力（意思の葛藤）は過去世に起源を持つ場合があり、それらを明らかにするのに役立ちます。批判的態度や、差別感情についても同様です。周囲の人に対して保護者的にふるまう態度も、過去世から来ていることがあります。現世で敵対している人やウマの合わない人たちとの関係、現世で取り組んでいる課題と過去世の関係についても示唆をもたらしてくれます。多動性などのエネルギー表出の乱れの原因が過去世にある場合も、この領域を通じて明らかにすることができます。過去に猛々《たけだけ》しさをどのように克服してきたかを、この領域で探ってみるとよいでしょう。変わることの学びや、古きを壊していく態度なども、過去に起源を持っている場合があります。

［木星の領域］

潜在意識のこの領域を活用すると、豊かさやお金に関することの起源を探ることができます。あなたの人生に表れている公正さ（あるいはその欠如）についての理解ももたらしてくれます。過去の霊的探求の道のりを明らかにしたり、前世で育んできた慈悲や和の心を解き明かして現世にどのような影響をもたらしているかを知ることができます。偽善、独断、独善などの態度も過去に原因がある場合がありますが、この領域で過去世の瞑想を行なうとそれらの原因も明らかになってきます。献身的態度や理想を追い求める心などの起源も探ることができます。

［土星の領域］

潜在意識のこの領域を活性化させて過去世の瞑想を行なうと、過去から引きずっている悲しみや重圧、犠牲などが明らかになってきます。母親との関係や、過去世における親子関係を探るときにも、この領域が役に立ちます。もうすぐ母親や父親になるという人は、この領域を活用すると懐胎した魂との過去世における関係を知ることができます。過去世の家族の関係やつながりの探求全般に有効な領域です。なお、兄弟とのけんかが絶えないといった争いの問題の過去の原因を探りたいときには、火星の領域のほうが適している場合があります。

カバラの教えによると、この領域は真の「**アカシックレコード**」への道を開いてくれます。アカシックレコードには、あらゆる時代においてあなたが各領域で行なってきたすべての行動が記録されています。聾唖《ろうあ》の障害があってそれが過去世に関連している場合は、この領域の瞑想で明らかにすることができます。特定の物に対する恐怖や、不安などの過去の原因を探るのにも役立ちます。過去に高次の直感を身につけている人は、どのようにして身についたのかを知ることができます。また、過去世から続く生と死の学びについても明らかにしてくれます。

［海王星の領域］

過去世の父親との関係を理解したいときに役立つ潜在意識の領域です。すでに父親である人は、子供との関係を探るのに有効です。現世でまだ眠っている過去世の能力に気づかせてくれるほか、過去世に起源を持つ新たな取り組みもこの領域によって明らかになります。迷信的態度や将来への不安、現実喪失感なども過去に起因している場合がありますが、この領域を用いると原因を知ることができます。他の惑星で過去の生を経験していた場合も、この領域によって明らかになることがあります。天文学や占星術への関心は過去に起源を持っていることがありますが、そうしたことも潜在意識のこの領域が明らかにしてくれます。

［冥王星の領域］

現世で覚醒することのできる過去世の創造性を探るのに有効です。現在抱えている霊的な問題に関する知識を得たいときも、この領域が役に立ちます。「人に誤解されている」「自分の居場所がない」といった感覚は過去に起因していることがありますが、その場合は潜在意識のこの領域を通じて明らかにしていくことができます。自己否定や強い劣等感、現実逃避などの問題の原因が過去にある場合にも、この領域で探ることができます。潜在意識の冥王星の領域を特定の方法で用いると、来世のビジョンが得られ、次の生における成長の道筋も明らかになります。

エクササイズ

「人生の樹」を用いた過去世の瞑想

潜在意識の各領域を活性化させるのはそれほど難しいことではありません。対応する星を用いて瞑想するだけで、その領域を活性化することができます。その際には、その領域の色のろうそくに火を付けると、意識を適切な状態に整えることができます。

色は肉体的、感情的、精神的、霊的な領域に影響をもたらします。心に起こってくる反応は、色ごとに異なっています。太陽の領域を活性化させたいときは、黄色いろうそくに火を灯してください。瞑想中にろうそくを燃やすことで、そのエネルギーがあなたのオーラと反応し、あなたを包みこみます。このエネルギーはあなたの内部にも浸透し、対応する意識の領域を活性化させてくれます。これに、適切な過去の生のシナリオのイメージを組み合わせることで、望んでいる過去世の情報を引き出していくことができます。

第4章で説明した「**人生のギャラリー**」のエクササイズで扉を開けていれば、「**人生の樹**」を用いた瞑想の効果はより高まります。過去への道筋がついていると、特定の問題や特定の過去の生の探求がずっと容易になります。

人生の樹を用いた瞑想の前には、人生のギャラリーのエクササイズでウォーミングアップしておくとよいでしょう。その翌日から、3日連続で人生の樹のエクササイズを行ないます。3回続けることで創造性のリズムが生まれ、より創造的かつパワフルに過去世の知識を引き出していけるようになります。効果があまり表れないときは、1週間おいて同じことを行ないます。ほとんどのケースでは、2回行なえば望んだ結果を得ることができます。以下に手順を解説します。

①過去世の何を探りたいのかを明確にしておく(母親のことを知りたい等)。

②どの領域が適しているかを見きわめる。母親のことを知りたい場合は、潜在意識の土星の領域が瞑想に適している。

③前述した方法で瞑想の準備をする。電話が鳴らないようにして、誰にも邪魔されない状況を作っておく。

④芳香やフラワーエッセンス、クリスタルなど瞑想の助けになるアイテムを活用する。領域に対応した色のろうそくも用意しておく。その領域のシンボルについて今一度確認しておくこと。

⑤ろうそくとお香に火を付ける。目を閉じ、前述した手順で数分間、呼吸を整える。漸進的筋弛緩法で体の各部分に意識を集中させ、温かい安らぎのエネルギーを順に送り込ん

でいく。
⑥以下のことを脳裏にイメージする。
　あなたは美しい草原で、青々とした草に囲まれています。あたりには花が咲き乱れ、中央に巨大な樫の古木がそびえています。あちこちにコブのある古木から伸びた太い枝は、雲を突き抜け、天に届いています。根も深く伸び、地球の中心にまで達しています。近づいてみると、古木の根元には、幹を切って作った小さな扉がついています。さらに近寄ってみて、あなたは驚きます。扉には、円を十字で区切った地球のシンボルが刻まれ、その下にあなたのフルネームが彫り込まれています。それを見て、あなたはこれが自分の人生の樹なのだと気づきます。この木には、あなたのすべての過去の根と、未来の芽を宿しているのです。

　扉が開き、あなたを中へといざないます。足を踏み入れると、中はほのかに照らされています。床と壁には大地の色彩――茶、緑、レンガ色、黄金色がちりばめられています。さらに奥へと進むと、突き当たりに金色の階段があります。その階段は下に向かって伸びており、霧の中へと消えています。
⑦あなたは「人生のギャラリー」の瞑想のときと同じように階段を降りていきます。下まで降りると、そこは円形の部屋になっています。部屋の突き当りには、人生のギャラリーのときと同じように重厚な扉がありますが、その扉は瞑想の前に選んだ潜在意識の領

域の色に塗られています（土星の領域を選んだ場合は黒。木星なら青）。

その扉にもあなたの名前が刻まれていますが、その上に彫られているのは、あなたが選んだ領域の星の、占星術におけるシンボルです。その扉が開くと、金色と青の光があふれ出します。その光はあなたを祝福し、癒し、中へといざないます。中に入ると、後ろで扉が閉まります。金色と青の光は消え、あなたは自分が歴史的な物を展示したギャラリーの中にいることに気づきます。それはあなたが選んだ領域の色のギャラリーで、彫刻や遺物などのあらゆる展示物、壁、床、天井——すべてがその色（土星なら黒、木星なら青）に統一されています。

⑧以前、人物画がかかっていた壁に近寄ると、絵は2つになっています。2つのキャンバスの中央には、選んだ領域の星が、その領域の色で描かれています。2つの絵の額縁も、同じ星のシンボルで囲まれています。

右の絵に目を向けると、占星術のシンボルは消えてゆき、現在のあなたの姿と、過去世におけるつながりを知りたいと思っている人の姿が浮かび上がってきます。知りたいと思っている対象が人ではなく何かの事柄であるときは、その事柄をなんらかの形でイメージしてください。

次に、左の絵に目を向けます。見ているうちに、中央の占星術のシンボルは消えてゆき、新たな絵が浮かび上がってきます。前の瞑想のときと同じ手順で想像してください。

これはあなたのギャラリーです。真鍮のプレートに目を向け、刻まれている文字に触れてみましょう。次第に絵が鮮明になってきました。あなたは自分に問いかけます。二人の関係はどんなものだったでしょうか？　どんな人生でしたか？　自分の直感を信じましょう。目の前で絵を変化させ、その生におけるさまざまな事実が明かされるのを見守ってください。当時どんな気持ちだったかを想像してみましょう。どんなことがありましたか？　浮かび上がってくる絵と右の絵をときどき見比べ、過去の出来事が今の生にどのような影響を与えているかを考えてみましょう。

やがて絵の上部に、その生を象徴する言葉が浮かび上がってきます。

⑨左の絵がかげってゆき、再び占星術のシンボルが浮かび上がってきます。右の絵にも同様の変化が起きます。あなたは2つの絵から離れ、扉に向かいます。周りは青と金色に光に包まれています。扉が開いて、あなたはギャラリーの外に歩み出ます。

⑩前回の瞑想のときと同じように、あなたは階段を上っていきます。いちばん上までたどり着くと、そこは人生の樹の中の、大地の色彩があふれた部屋です。あなたは部屋を横切り、樹の外に出ます。後ろで閉まった扉を振り返ると、そこには地球のシンボルとあなたの名前が刻まれています。草原の映像がかげってゆき、あなたは現実に戻ります。とても穏やかな、心地よい気分です。

ギャラリーで経験したことを記録しておきましょう。過去世の日記にこのエクササイズの結果を綴ることで、イメージがより鮮明になり、より多くの知識と洞察を得ることができます。

絵に何のイメージも浮かんでこなかった人は、翌日同じエクササイズをしてみてください。それでうまくいかないときは、もう1回行ないます。3回やっても何のイメージも浮かんでこない場合は、現在のつながりが現世で初めて向き合っている新たな学びである可能性が高くなります。エクササイズにおける体験がぱっとしないものだったときは、翌日または翌々日にもう1回行なってみてください。繰り返すたびに、より豊かな結果が得られるはずです。

ここで紹介したパターンは、あくまでガイドラインにすぎません。基本的な瞑想の手順が身についたら、自分なりにいろいろアレンジしてみるとよいでしょう。ただし、特定の問題に関する記憶を引き出すには、その領域の色とシンボルが鍵になるということだけは忘れないようにしてください。その点を踏まえたエクササイズができるようになれば、ほとんどのことは探れるようになるはずです。

7 自己催眠と過去世の気づき

催眠が潜在意識を刺激する

「**催眠**」は過去の生を探る最もポピュラーな方法の一つですが、近年は疑問視する声もあがっています。その一つが、被験者の体験は術者の示唆《しさ》によって誘導されており、信頼性に欠けるという指摘です。

たしかにそのようなケースもあるかもしれません。しかし、「**過去世催眠**」の優れた術者は、過去世の記憶を引き出す枠組みだけを被験者に与えます。いずれにしても重要なのは、方法そのものではなく、引き出した過去世の情報を、現世にどのように建設的に生かしていくかということです。

米国医師会は以前、催眠について、暗示へのかかりやすさを増大させる行為と定義していました。これは、特定の機能のために潜在意識を活性化させることを意味しています。顕在意識は脳の統合的活動や意思の基盤であり、私たちが目覚めて活動しているときに働いています。しかし、顕在意識がコントロールしているのは体と脳のわずか10％程度にすぎません。一方、潜在意識は記憶や自己像、他者の認知や直感の基盤で、自律神経系をはじめ、体と脳の機能の90％をコントロールしています。催眠を用いると、これらのさまざまな機能をより効果的に引き出していくことができます。

１９５０年以前は、催眠の用途はヒーリングとエンターテイメントが中心でした。しかし現在は、さまざまな治療をはじめ、幅広い目的で用いられるようになっています。体重のコントロール、ストレスからの解放、自信の回復、過去世の探求など、その用途は多彩です。

催眠は、単に被験者を眠らせたり、周囲に対する知覚を失わせたりする行為ではありません。また、深い催眠でなくても効果や結果を得ることは可能です。成人の95％は軽いトランス状態に入る能力を持っており、これで十分に潜在意識を活性化させ、催眠の効果を引き出していくことができます。

催眠に関しては、ほかにも誤解があります。催眠によって、モラルに反することを強要することはできません。また、多くの場合、被験者は催眠の最中も周囲のことを認識しています。

意思の弱い人しかかからないというのも事実ではありません。隠していることを意思に反してしゃべらせることもできませんし、宗教を冒瀆《ぼうとく》する行為でもありません。

ただし、これはあくまで一般的にはそうだということです。特殊な方法を用いれば、潜在意識を操ってモラルを保とうとする意思を迂回《うかい》したり、隠していることを話させたりすることも可能です。もっとも、そのようなことをスムーズに行なうには、卓越した催眠技術と熟練した臨床治療の能力が必要となります。過去世の探求に用いられる催眠技術は、そのような裏ワザ的なものではありません。

過去世探究の4つのステップ

催眠は、自然に引き起こされる、深いリラックス状態です。そのような状態を達成するには、ある程度の知性と「**変性意識状態**」に移行しようとする意思に加え、「**集中力**」としかるべき「**動機づけ**」も必要となります。それらの条件が整うことで、意識を迂回して潜在意識を引き出していくことが可能になるのです。

催眠の効果を（とりわけ過去世の探求において）最大限に引き出していくには、原理をきちんと理解しておく必要があります。なかでも、自分の成長や行動のパターンを認識したり、それらに影響を与えていくための知識を理解しておくことが欠かせません。変性意識状態におけるイメージの暗示は、強要、薬物、報酬、懲罰、説得などの通常の方法に比べてはるかに大きな効果を発揮します。

過去世の探求に催眠を用いるときは、次の4つのステップを踏みます。本章の最後で紹介する個人向け催眠導入法の基盤になっているのも、この4つのステップです。

❶［変性意識に移行する］

これまで紹介してきたエクササイズをすでに実践してきた人は、このステップをマスターできているはずです。呼吸法を用いて意識を変性させてください。

❷［深い変性意識に移行する］

すでに体験したリラクゼーション法を用います。体の各部分に順に意識を集中させ、リラックスさせていきましょう。これはじっくり時間をかけて行なってください。深くリラックスするほど効果も高まります。

❸［変性意識を維持して活用する］

特定のイメージや暗示で潜在意識を刺激し、過去の特定の記憶を呼び覚まします。

❹［催眠の終了と覚醒］

正の強化で体験を印象づけ、ゆっくりと通常の意識状態に戻ります。来世の探求を行なったり、体験を前向きに受け止めたり活用したりする目的で「**後催眠暗示**」を行なう場合は、この段階で実行します。

催眠暗示とイメージがはたらく原理

私たちの潜在意識は「**暗示**」や「**イメージ**」に明快に反応します。神秘学には「すべてのエネルギーは思考に従う」という古い教えがあります。私たちが何かに思いを致すと、そこにエネルギーが注ぎ込まれるのです。潜在意識は、私たちの思考や言葉を額面通りに受け取って反応します。このことは常に忘れないようにしてください。

たとえばあなたが誰かに「5キロも痩せちゃってね」と打ち明けたとしましょう。すると潜在意識は「5キロも痩せた」という言葉に反応し、回復のための活動を始めます。心身の機能に働きかけて、失われた5キロを取り戻そうとするのです（再び同じことが起こったときに備え、多くの場合は5キロより多めに体重を増やそうとします）。

「毎年冬には2回風邪をひくんだよな」と独り言を言えば、潜在意識があなたの心に作用して、冬に2度風邪をひく確率が高くなります。したがって催眠の暗示やイメージにおいては、好ましいことが、明確かつ肯定的に示されている必要があります。

催眠を行なうときは、以下に述べる「**暗示とイメージの4つの法則**」に留意してください。

❶［**集中の法則**］

一つの考えに集中し続けると、その考えが現実になる可能性が高まります。「**変性意識状態**」でそうした集中を行なうほど、現実化のスピードは早まり、求める結果がよりはっきりと表れてきます。

❷［**逆効果の法則**］

達成するために無理な努力をすると、むしろ成功する確率は低くなります。これは、心身のリラックスが妨げられ、潜在意識のパワーを引き出せなくなるからです。焦燥感にかられてがむしゃらに達成しようとすると、潜在意識には「失敗するかもしれない」というメッセージが伝わり、そちらが現実になってしまうケースが多くなります。

❸［**支配的効果の法則**］

強い感情は、弱い感情を押しのけます。より強い感情を心に抱いてください。そうすることで「**浄化**」と「**癒し**」がもたらされます。私たちは怒りのあとで気持ちを落ち着けようとしますが、これもそうした例の一つです。自己催眠を行なうと、現世に影響を与えている過去世の強い感情を、コントロールしながら引き出すことができます。また、退行催眠で最初に明らかになるのが、現世に最も感情的に強い影響を与えている過去の生だという事実も、この法則に合致しています。

❹「意思と想像力の法則」

意思と想像力がぶつかり合ったときには、必ず想像力が勝ちます。意思は顕在意識の一部で、想像力は顕在意識の働きの一つです。そして顕在意識と潜在意識では、潜在意識のほうが強いパワーを持っています。顕在意識の意思で努力しても過去の生を思い出すことはできませんが、想像力による暗示で潜在意識を活性化させれば、エネルギーや情報を引き出していくことができます。

催眠や瞑想を行なうと、「**抵抗**」という現象が起こってくることがあります。抵抗は潜在意識レベルの現象で、雑念が湧いたり、暗示への反発やイメージへの疑問が起こってくるのがそれです。しかしこれは、むしろ好ましいサインです。抵抗が起こったということは、潜在意識への働きかけに成功しているということだからです。

私たちは瞑想や催眠などのコントロールされた「**変性意識**」を通じて、潜在意識をコントロールしたり、誘導したりすることができます。しかし、これまでずっと自由にやりたいことをやってきた潜在意識は、コントロールされることを嫌い、暗示やイメージを拒絶しようとします。気が散ってなかなか集中できないのは、そうした潜在意識の抵抗によるものです。

雑念が湧いてきたときに大切なのは、動揺しないことです。動揺してしまうと、心は顕在意識に引き戻されてしまいます。

そのようなときには、集中の対象に気持ちを戻すようにします。再び雑念が湧いてくるかもしれませんが、元のイメージや暗示に集中することをくり返せば、そのたびに潜在意識にあなたのメッセージが伝わります。その結果、催眠や瞑想の質は高まっていきます。

自己催眠で過去世への扉を開ける

催眠による暗示はたいへん強力なものです。資格のある熟練した術者がすぐに見つからなくても、自己催眠を行なえばそれなりの結果を得ることができます。

その際に役立つのが「**変性意識状態**」です。変性意識状態は、暗示に対する感受性を高めてくれます。自己催眠であなたが影響を受けるのは、あなた自身の考えや暗示、方向付けに限られるので、その意味でも安心して行なうことができます。本章の後半で述べる「**退行催眠**」の内容をテープに吹き込んでおいて、それを用いるとよいでしょう。あなた自身のアレンジを加えてもかまいません。テープが完成したら、椅子に座るか、横になって、テープを聞きながら過去世への退行催眠を行ないます。

催眠がうまくいっているときには、いくつか特徴的なことが起こってきます。最も一般的なのは、時間の感覚の変化です。多くの人は、催眠を体験していた時間を、実際の時間よりもずっと長く感じます。

また、体が不随意に動く場合もあります。体がリラックスしてくると、部分的なけいれんが起こることもよくあります。特定のイメージや色が浮かんでくる場合もあれば、印象だけが浮かんでくるケースもあります。音が聞こえるだけという人もいます。

すでに述べたように、こうした体験のどれが良くて、どれが悪いということはありません。体験は、個人によって異なるものだと思ってください。深いリラックス状態になり、体が重く感じられることもあれば、逆にリラックスしたことで体が軽く感じる場合もあります。眠りに落ちていく感覚や、体が大きくなったり、小さくなったり、引き延ばされたりといった感覚を覚えることもあります。

リアルな追体験がどんどん可能になる

過去世への退行における反応や結果は、人によって異なります。これは自己催眠の場合も同様です。過去の生における感情や感覚をリアルに追体験することもあれば（本章の最後で解説する「**自己催眠誘導**」では、これをやわらげる方法も示しておきました）、映画を見ているように過去世の場面が見えることもあります。体験したり映像が見えたりするかわりに、特定の時代や場所に対する感情が湧いてくるケースもあります。

退行催眠の質がよければ、過去の体験を思い出すだけでなく、出来事をリアルに追体験することができます。ここで紹介する方法は主に記憶の喚起を目的としていますが、過去世を知ることには感情的、肉体的な苦痛が甦ってくるリスクもあるということは覚えておいてください。これらは、あなたが問題と向き合っていくための一里塚です。あなたはそれらの体験を現世の体験と同調させ、一つのものにしていく必要があります。

過去世を探る催眠は、ゲームではありません。また、偶発的な要素も常に存在します。この催眠を行なうときには、まず先入観を捨ててください。また、最悪の事態も想定しておくことが大切です。過去のトラウマが甦ってくる可能性についても、十分な心構えが必要です。そのような状況にならないケースももちろんありますが、可能性はゼロではありません。過去世への退行では、精神的に対処したり受け入れたりするのが難しい事実が明らかになる場合があります。

常に批判的視点を持ち続けることも、とても大切です。独りよがりな妄想や願望から生まれてきた光景は、冷静に見きわめて排除してください。過去世のストーリーがこと細かく浮かび上がってきたとしても、それはあなたの心が作った虚構である可能性は常にあります。

また、これは現在の自分にとってどのような意味を持っているのか、現世にどのような恩恵をもたらしているか、この情報をどのように生かしていけるかといったことを、常に自問し続けることも大切です。体験したことを過去世の日記に記録し、自分なりに分析した結果も書いておくと、実生活に役立てていくことができます。

●――自己催眠で過去世を探るときのキーポイント

自己催眠の質を決める鍵は「**催眠導入**」の成否です。いちばん簡単なのは、手順をテープに吹き込んでおいて、それを再生して催眠を行なう方法です。

ここでは、深い変性意識への移行を助けてくれる言葉やフレーズを紹介します。このうちのいくつかは、本章の最後で紹介する催眠導入の例でも用いていています。なお、このリストはあくまで参考です。これらをヒントにして、ご自分で言葉やフレーズを工夫してみてください。

――沈んでいく

――深く、深く

――解放して

——深く降りていくにつれて、気分が良くなっていく
——体が浮かんでいる
——落ち着いている
——穏やかな……この上なく穏やかで……静かな
——明鏡止水の境地
——楽しい……うれしい……愉快だ
——静寂に満ちている……安らかな
——ほぐれていく
——緊張が解けて……力が抜けて……だらりと
——安静……静止している
——重い……重く感じる
——とてもよい……自然な……スムーズに
——心が静まる……何も感じない……感覚がない
——健やかな気分だ

催眠を行なうときは、邪魔が入らないようにして、リラックスした状態で行なうようにしてください。メガネをかけている人は外し、電話はかかってこないようにしておきます。

催眠導入のテープを作るときは、抑揚を抑え、穏やかな声で話してください。「重い」「リラックスしている」「静か」「深く」などのキーワードを繰り返し用いるようにします。暗示はできるだけ短く、シンプルなものにしてください。

催眠中に外の音が聞こえてくる可能性があるときは、変性意識状態を深めるのに利用することができます。たとえば「外の音はすべてが遠くで聞こえているように感じられ、聞こえてくるたびにさらにリラックスしていく」といったフレーズをテープに含めておきます。

自己催眠のエクササイズは、これまでのエクササイズを応用します。ここで解説している通りにテープに吹き込んでもよいですし、より自分に合ったものにアレンジしてもかまいません。テープに吹き込む前には、何度か読んでリハーサルを行なうとよいでしょう。

エクササイズは、**「導入」「深い催眠への移行」「催眠状態の維持と活用」「終了と覚醒」**の4つのステージに分かれています。催眠のエクササイズは長時間にわたることもあるので、「導入」と「深い催眠への移行」をテープの片側に入れ、残りのステージを反対側に入れてもよいでしょう。自分にいちばん合ったペースやリズムを見つけてみてください。

テープの作成には、十分な時間をかけます。多くの人は、早口になったり、十分な間《ま》を置かずに話してしまう傾向があるので、そのあたりに注意してみてください。テキストにはこのあたりのガイドラインも示してあるので、読み上げながら時間をチェックするとよいでしょう。何より大切なのは、楽しみながらやることです。

できたテープを夜、再生しながら眠ると、あらゆる過去世のエクササイズの効果を高めることができます。日中に聞いて、夜、再び聞くこともできます。1週間続ければ、ダイナミックな結果が表れてきます。意識が柔軟になり、本書で紹介している過去世のエクササイズの効果がいっそう高まります。

たとえば「人生の樹」のエクササイズの効果を高めたい場合は、次のようにします。

❶「人生のギャラリー」のエクササイズでウォーミングアップをしておく。

❷夜、寝るときに退行催眠のテープをかける。途中で寝てしまってもかまいません。目覚めているときに行なう過去世の探求の効果を高めるためのものなので、最後まで起きている必要はありません。

❸その日から3日続けて、「人生の樹」のエクササイズを行ない、過去世を探ります（やり方はすでに解説した通りです）。

❹その3日間は、夜に「退行催眠」のテープを聞くようにする（エクササイズの効果を高めるため）。

❺エクササイズの期間中に見る夢に注意する。特に夢の中でどんな感情を抱いているかに気をつけてください。それらの感情は、あなたが人生の樹のエクササイズで行なった探求について多くの示唆を与えてくれます。

エクササイズ 自己催眠誘導の実践例

第1ステージ［基礎導入］

……まず、体をくつろがせましょう……

……足の裏を床につけ、手をひざに置いてください（リクライニングチェアなどを用いるときは、それに合わせた内容に変えてください）……

……次に、体の力を抜いていきます……

……目を閉じて、外界の刺激をシャットアウトしましょう……

……リラックスしてください……「リラックス」という言葉の本当の意味を、あらためて考えてみましょう……

……あなたはこれから、これまで体験したことのないようなリラックスの感覚を体験することになります……

……完全なリラックス状態になったときは、爪先から頭のてっぺんまで、すべての力が抜けます……

……心が安らぎ、自らの内に眠るすばらしい世界を探る旅に出ることができるのです……

……さあ、リラックスしましょう……完全に力を抜いてください……

……自分の呼吸に意識を集中させましょう……

……吸って……吐いて……吸って……吐いて……

……息を吸うとリラックスが体に広がり、吐くときに緊張が出ていきます……

……吸って……吐いて……

……顔の筋肉から力を抜いて、完全にゆるめてしまいましょう……

……吸って……吐いて……

……肩の力が抜けていくのを感じてください……

……吸って……吐いて……

……リラックスが首のほうに降りてゆき、肩に広がっていきます……

……吸って……吐いて……

……腕の筋肉の力が抜け、だらりと横たわっています……

……吸って……吐いて……

……背中の筋肉もほぐれて、とてもいい気持ちになってきました……

……気持ちがよくて……くつろいだ……ゆったりした気分です……

……吸って……吐いて……

……胸の筋肉からも力が抜けていきます……息をするのがとても心地よく感じられます……

……まったく力を入れずに、楽に呼吸ができます……どんどん緊張がほぐれていきます……

……吸って……吐いて……

……お腹と太股《ふともも》の筋肉から力が抜けてきました……

……吸って……吐いて……

……ふくらはぎの筋肉がほぐれ、疲れた足にもリラックスが広がっていきます……

……吸って……吐いて……

……体のすべての筋肉と組織から力が抜け、この上なく心地よい感覚が広がっています……

……全身をめぐる神経は、あなたの体の隅々に安らぎの感覚を伝えています……

……あなたは自然に息をしています……安定した深いリラックス状態に入っています。

(ここで30秒から1分ほど間をおき、次のステージに移ってください)

第2ステージ［深い催眠への移行］

……10から1までカウントダウンしていきましょう。1まで数えるころには、完全なリラックスが訪れ……

……何もかもが……この上なく心地よく感じられます……

……さっそく始めましょう……

10……あなたは椅子に座り、体を休めています……テープの声は常に聞こえていますが、それによって心が乱されることはありません……

……座っていると、だんだん眠くなってきました……

……テープから聞こえてくる指示についてあれこれ考えたりせず、ただ耳から入ってくるにまかせましょう……

……周囲の音は、すべて遠くの音のように聞こえ、まるで気になりません……

……足に意識を集中させてください……足の力を抜きましょう……

……温かい安らぎの感覚が、爪先から踵《かかと》へと広がっていきます……

……踵を含めた足全体が温かく、リラックスしています……

……安らぎの感覚が踵からふくらはぎに広がってきました……

……その感覚はゆっくりと膝まで上ってきて、太股に広がります……

……すべての筋肉と神経の緊張が解け、だらりとしています……

9……だんだい足が重くなり、息を吸うたびに、体がゆっくりと沈んでいきます……ますます眠たくなってきました……意識の一部はすでに眠っていますが、テープの声はちゃんと聞こえています……リラックスするのはとてもいい気分です……

8……この上なく心地よい気分で、骨盤の周囲の筋肉も、温かな安らぎの感覚に呼応しはじめました……温かな安らぎの感覚は内臓にも広がっていきます……気持ちがよくて……この上なくゆったりとした……すばらしい感覚です……

7……リラックスの感覚が胸の筋肉にも広がってきました……すべての神経と組織が、さらに深くリラックスしていきます……

……まったく力を入れなくても呼吸ができ……息をするたびに安らぎが広がります……呼吸が本当に心地よく感じられます……

6……心はこの上なく穏やかです………どんどん深く沈んで、眠くなっていくのに身を任せてしまいたい気分です……あなたは静かに体を横たえています……心配事から解放され、安らぎを妨げるものも一切ありません……あなたはリラックスしています……

5……腰のあたりの筋肉に温かい安らぎの感覚を送り、さらに脊椎《せきつい》の下部へと流し込んでいきましょう……癒しとリラックスが広がるのを感じてください……

……その感覚は少しずつ首のほうに上ってきます……体の力はすっかり抜けています……

……だらりとして……くつろいでいます……

……胴体全体が心地よく感じられます……最高の心地よさです……

……外の音は、聞こえてくるたびにあなたのリラックスを深めてくれます……

4……あなたが命じると、指先からも力が抜けていきます……安らぎの感覚が手首に広がってのを感じてください……その感覚は前腕に伝わり……二の腕に上ってきます……とてもいい気持ちです……

3……どうすればもっとリラックスできるか、それによってどんなすばらしい体験ができるか

——あなたが興味を持っているのは、ただそのことだけです……

……ますます眠たくなってきました……

……あなたはさらに沈んでいきます……

……首の筋肉の力が抜け、すっかりゆるんでいます……

……すべての筋肉と神経が、この上なくリラックスしています……

……あなたは最高の心地よさに包まれています……

2……リラックスの感覚があごのところにまで広がってきました……

……あごの力が抜け、とてもいい気持ちです……この上ない心地よさです……

1……その心地よさは頭頂部にも広がりました……

……残っていた緊張がすべて、頭のてっぺんから抜けていくのを感じましょう……

……緊張も不安もすっかり消え去ってしまいました……

……日常の心配事もすべて忘れてしまいましょう……

……あなたは今、すべてを解放する方法を会得しようとしています……

……深く……深く沈んで……

……リラックスした状態になる方法をマスターしようとしています……

……この上ない心地よさに包まれています……

……もはや、究極のリラックスを味わうことにしか興味はありません……

……どんどん沈んでいくのが感じられます……

……さらに深く……さらに深く……

……その先にあるのは……何物にも乱されることのない、完全なリラックス状態です……。

（ここで20秒から30秒、間をおいてから、次のステージに移ります。ここまでかかった時間に応じて、必要ならばテープを裏返してください。ひっくり返すときにリラックス状態がやや後退するかもしれませんが、それほど気にする必要はありません）

第3ステージ［催眠状態の維持と活用］

……私はあなたに語りかけます……

……それにより、あなたのリラックスはさらに深まっていきます……

……私はこれから、あなたにいくつかのイメージを想像するように指示します……

……それらのイメージは、あなたをさらに深いリラックスへといざないます……

……何もかもが心地よく感じられるようになります……

……そしてあなたはどんどん眠くなってゆき……深く、深くリラックスしていきます……

……あなたは自分の変化を、冷静に、何の感情も抱かずに観察することができます……

……私の指示は、あなたがそのように自分を観察している最中にも、あなたをリラックスに導いていきます……。

あなたは金色の長い階段のてっぺんにいます……

……手すりをつかみ、降りようとしているところです……

……降りていくと今以上のリラックスを体験できることが、あなたにはわかっています……

……これから、5から1まで数えていきますが、あなたはそれを聞きながら階段を降りていきます……

……リラックスはどんどん深まってゆき、あなたは体から離れて、これまで知らなかった自分の新たな面を知ることもできます……

……さっそく始めましょう……

5……あなたは軽い足取りで階段を降りていきます……一歩降りるごとに、リラックスが深まっていきます……静かに降りていきながら、リラックスすることのすばらしさにあなたは感動します……

4……降りていくたびに、あなたは軽くなっていくようです……ゆっくりと下降していく、柔らかい雲の上を歩いているような感じです……すっかりリラックスして体が軽くなり、今は足がかすかに階段に触れる程度です……下へ……下へ……あなたは降りていきます……

3……足もとに目を向けると、足は階段から浮いていきます……

……この上なくリラックスした状態のあなたは、浮かびながら階段を降りていきます……

……下へ降りるにつれて……リラックスはさらに深く……深くなっていきます……

……こんなに解放された気分を味わったことはありません……

……そしてあなたは気づきます……

……リラックスによって、あなたはこれまで知らなかった自由な世界への扉を開くことができるのです……

2……階段の底が見えてきました……あなたはさらにリラックスしながら、ふわふわとそこに向かって降りていきます……重力から解放されることは……こんなにも安らぎに満ちたものだとは知りませんでした……

……あなたの体重は消滅し、肉体の呪縛からも解放されています……

……これまで想像したこともなかったようなリラックス状態を、あなたは今、体験しています

……

1……足が静かに地面に触れました……あなたは完全なリラックス状態にあります。何もかもが心地よく感じられます……。

（ここで15秒から20秒、間をおく）

あなたは大きな円形の部屋に立っています……

……見回すと、中央に等身大の鏡があります……

……あなたは鏡に近づきながら、足取りの軽さに改めて感動します……

……鏡の前に立つと、そこにはあなたの姿が映っています……

……リラックスしているときの自分はこんなにも見違えて見えるものなのかと、あなたは思わず見入ってしまいます……

……と、鏡の中の映像はゆがみ、5年前のあなたの姿が映し出されました……

……その姿を見ていると、当時どんなことをしていたのかが思い出されてきます……

……その姿があまりにもリアルなので、あなたは手を伸ばしますが、再び映像は変化して消えてしまいます……

(少し間をおく)

また別の映像が現れてきました。15年前のあなたの姿です……

……服を見てみましょう……見覚えのあるファッションです……

……当時何をしていたかを思い出してみてください……

(少しを間をおく)

……映像は再び変化し、高校時代のあなたになりました……

……髪の毛はどうなっていますか……どんな服を着ていますか……

……どんなことが思い出されてきますか……

（少し間をおく）

昔のことを思い出すことは、あなたのリラックスをさらに助けてくれます……

……鏡の中の映像は再び変化し始めました。次に見えてくるのが、今の自分の原点だということが、あなたにはわかっています……

（少し間をおく）

……映像が乱れ、初めて小学校に行った日のあなたの姿が現われます……

……そこにいるあなたはどんな服を着ていますか……

……どんな気持ちですか……

……家族はどんな様子ですか……

……初めて教室に足を踏み入れたときはどんな気持ちでしたか……

（少し間をおく）

映像は再び変化して、消えていきます……

……あなたはリラックスして深呼吸しています……

……目の前に現われた過去の映像は、あなたをさらなるくつろぎ、さらに深いリラックスへといざないます……

……鏡には、無数の色が渦巻いています……

……変化しながら動き続けるそれらの色を見ているうちに、リラックスはさらに深まっていきます……

……リラックスが深まり……いっそう心地よい気分になってきました……

……色の渦はどんどん変化して、ぼんやりと形を取り始めます……

……遠くに見えるそれが、現世の光景ではないことをあなたは直感します……

……目の前で、映像が実体化します……

……あなたは思わずほおに手を当て、それを見つめます……

……映像はまだぼやけていますが、そこにいる人物はあなたの動きに合わせて動いているようです……

……そしてあなたは、そこに映っているのが過去世の自分であることに気づきます………

……少しずつ、ゆっくりと、映像のピントが合ってきました……

（少し間をおく）

これからその映像に関していくつか質問をしていきます。質問を聞くたびにあなたのリラックスはさらに深まり、映像はいっそうクリアになってきます……

……自分の直感を信じましょう……

……一つ質問をするごとに少し間をおきますので、直感が湧いてくるのにまかせてみてください……

……では、鏡の中の映像に映っている人物を想像してみましょう……

……目で見るだけでなく、五感でその人物がそこに存在していることを感じてください……

……それは男性ですか、女性ですか……

……どんな服を着ていますか……

……その服から、経済的状況や社会的地位などは推測できるでしょうか……

……その人がいる地域はどこでしょう……

……映像を見ていて最初に浮かんできた感情は何ですか……

……その人は幸せですか、悲しんでいますか、満たされていますか……

……服やファッションスタイルから時代がわかりますか……

……その生であなたが成し遂げたいちばん大きなことは何でしょう……

……いちばんの失敗は何だったでしょう……

……未解決で、現世に影響を与えているものはあるでしょうか……。

その人物と背景を眺めている間も、自分が深いリラックス状態にあることにあなたは気づきます……

……もう少しその人物に目を凝らし、その生が現世にどのような影響を与えているか、その生で関係のあった人の中に、現世でもつながりのある人がいるかどうか考えてみてください……。

（ここで3分から5分かけて、記憶が甦ってくるのを待ち、最後のステージに移ります）

第4ステージ［終了と覚醒］

鏡の中の映像を見ているうちに、今後も続けていけばさらなる情報がもたらされるということにあなたは気づきます……

……そのことに気づいても、あなたはやはりリラックスしており、心地よい気分です……

……と、映像はぼやけ、鏡の中には現在の自分の姿が映っています……

……あなたは深呼吸しています。リラックスして、心地よい気分です……

……これから私は、**1**から**3**まで数えていきます。**3**まで数えたときには、あなたは目が開いて、すっかり目が覚めます……

……目覚めても、起こったことはすべて覚えています……

……さらに気がつくこともあるでしょう……

……あなたは溌剌《はつらつ》とした気分で目覚め……エネルギーがみなぎっています……

……十分な休息を取って若返った気分になります……

……ちょっと長めの、気持ちのよい昼寝の後に目覚めたような感じです……

……充実していて……より健やかな……良好な状態になっており……

……あらゆる面でより優れた人間に生まれ変わっています……

……とても深く、安定したリラックス状態を経験したことで、あなたの意識は聡明になっています……
……より明快に、建設的に物事を考えられるようになっています……
……では始めましょう……
1……あなたはとても安らいだ気分です……
……全身がくつろいでいます……
……あなたは深い、安定したリラックス状態を体験し、それによって過去の生の記憶に触れることができました……
……今後はこのエクササイズをするたびに、より深いリラックス状態になって、さらに実りある結果を引き出していくことができます……
2……全身の隅々に活力と命の息吹が満ちているのが感じられてきました……
……腕に豊かに血が巡り始めます……
……足にも……胴体にも血が巡り……
……力がみなぎってきます……
……活気にあふれ……元気溌剌としています……
……催眠中に起こったことは、すべて覚えています……
……目覚めた後も、新たなことに気づいていきます……
……あなたはすっかり目覚め、頭はすっきりしています……

……最高の状態です……

……気分も最高……

……体も最高……

……精神的にも霊的にも最高の状態です……

……あなたはとても充足した気分であると同時に、過去へのつながりを感じています……

……自信があふれ……より健康になった気がします……

……今ならどんなことがあっても乗り越えていけそうです……

……目の疲れも取れて、長い昼寝から目覚めたときのようにさわやかです……

3……肉体と意識、魂のすべてが生き返った感じです……

……さあ、目を開けましょう。あなたは最高の気分で、心は浮き立っています。

8 「誕生」と「死」のメカニズム

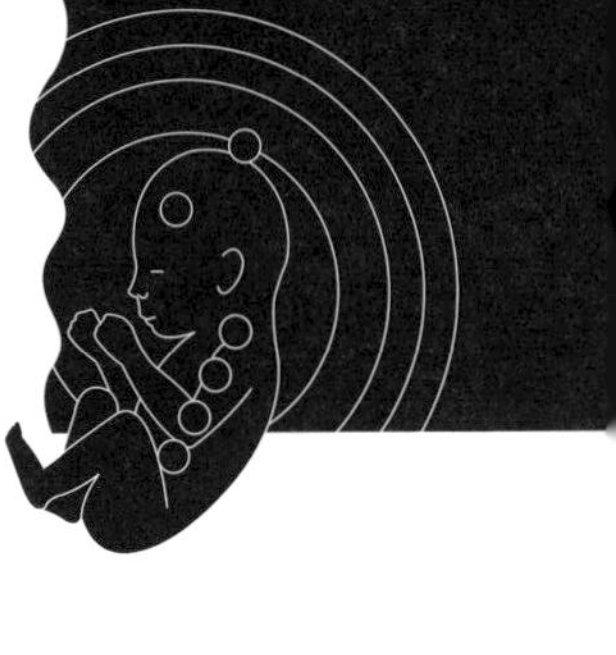

「誕生」と「死」、人生最大の謎を解く

過去世のことを考える際に避けて通れないのは、人生最大の謎である「**誕生**」と「**死**」の問題です。

誕生と死は、私たちが経験する最も大きな変化の一つです。しかし、変化はこれだけではありません。私たちはいくつもの生において、いくつもの変化を経験します。変化は祝福であり、新たな成長を意味する出来事です。しかし、これらの変化の意義を実感できるようになるには、自らの生や、置かれている環境のあらゆる側面に対して、きちんと自覚を持つ必要があります。

古い時代に起源を持つ集団の多くは、「**通過儀礼**」を乗り越えた者だけを新たな仲間と認めます。神秘の道を探求しようとする者には、一度象徴的な死を経験し、生まれ変わることが求められてきました。これこそが、通過儀礼にほかなりません。新たなものに生まれ変わるには、必ず死を経験しなければならないのです。

通過儀礼の多くは人生における変化を祝福する行為でもあり、古来行なわれてきたことをアレンジしたものが現在でも多く行なわれています。ユダヤ教の成人式《バル・ミツバー》は、少年が成人するための通過儀礼です。キリスト教の洗礼や献児式も通過儀礼の一種で、霊から肉体への変化を見つめ、これを祝うものです。

葬儀はこの逆に、魂が肉体から霊に移行するのを助ける通過儀礼です。

私たちは誰もが、古いものを捨て去って新しいものを作り出していくことを求められています。一人ひとりがそれぞれの人生において、生と死の普遍的な学びに関する新たな知識を身につけていくことを課題として与えられているのです。古いものと決別し、新たなものに目を開いていくという意味において、それぞれの生は、さらなる高みへの通過儀礼とみなすことができます。

物質界におけるそのような体験の機会を逃さないようにするには、人生やそのプロセスに関する認識を深めておかなければなりません。世界がさまざまな形のエネルギーで構成されているということに気づき、それらのエネルギーが人生にどのように働いているかを知る必要があります。

私たちの本質が霊であるという認識も欠かせません。その霊に、肉体に宿る能力があるという事実を考えれば、地上にいるわずかな間に、学びによってより大きな愛と繁栄、充足、豊かさを育んでいくことも当然可能ということになります。

人は肉体だけで出来ているわけではありません。肉体は器《うつわ》にすぎないのです。ただし、肉体は思考や行動、感情の媒体であり、私たちにとって必要不可欠なものでもあります。そして肉体の健康や身体的能力は、それぞれの生においてどれだけ肉体を正しく使い、健《すこ》やかに保ってきたかによって決まります。肉体は、魂の進化を助けてくれる存在です。

身体的、感情的、精神的、霊的健康の基盤は、この世に生まれてくる前（正確に言えば受胎以前）に定まっています。子供は、遺伝、環境、前世、カルマ的つながり、祈りの強さ、心構えや瞑想などの要因に、親が子をなす行為が加わることで、その家庭に生まれてきます。

現世によって変化する未来

誕生と死のプロセスは複雑なものです。私たちが潜在力のすべてを引き出すには、さまざまな経験を積み重ねる必要があります。そのために、内なる神性によって創造性を発揮していくことを学ぶのに役立つ、困難な環境を選んで生まれてくるのです。そしてその生において、次なる機会への準備を始めます。

私たちの成長と発達は、受胎の瞬間から2つの流れを辿ります。肉体的には上向きの、霊的には下向きの変化が起こります。私たちは、不死の霊と、いずれ死を迎える肉体を持つ二重の存在なのです。

この世に生まれ出たときは赤ん坊ですが、本体はすでに賢さを身につけており、一定の成長をしています。この霊的側面は、膨大な経験を積み重ねた結果であり、その大部分は物質界の生を何度も経てきたことで身についたものです。

過去世で会得したことは、魂の永遠の財産となります。そして転生のたびに、それらの能力の種を宿して生まれてきます。しかし、こうした能力は、新たな生において再び目覚めさせ、育んで、さらなる段階へと引き上げていかなければなりません。それと同時に、他の能力も身につけていく必要があります。

たとえ過去の生で能力や才覚を身につけていたとしても、それらを現世ですぐに、たやすく引き出せるというわけではありません。転生で受け継がれるのはあくまで能力の種であり、それらは再び育んでいく必要があります。私たちには自由意志がありますから、種を生かすかどうかも、もちろん私たち自身が決めることです。

このあたりは、子供の頃にバック転ができるようになった人を例に考えるとわかりやすいでしょう。できるようになった後にやめてしまい、運動もストレッチも練習も一切してこなかった人が、子供のときにできたからといって30年後にいきなりバック転をしようとすれば、ケガをする可能性は極めて高くなります。過去の生で身につけた能力も、現世の境遇において改めて育み、開花させていく必要があるということです。

もちろん、例外はあります。神童と呼ばれるような子供たちがその好例です。しかしそのような例でも、やはり才能は修練によって育み、正しい形で引き出していかなければなりません。子供を部屋の真ん中に立たせて「お前はブサイクだ。頭も悪いし、不器用だ」と罵《ののし》れば、その子供は自分の殻《から》に閉じこもって萎縮《いしゅく》してしまうか、グレてしまうかのどちらかでしょう。同じ子供に「お前を愛しているよ。お前はすばらしい子だ。何かを学ぶときには失敗はつきものだから、気にしなくてもいいよ」と励ませば、その子は過去の成果を開花させ、驚くような潜在能力を発揮していくことでしょう。

私たちは過去を変えることはできません。しかし、未来は現世という通過儀礼によって変化します。

誕生と死は、私たちの物質界における存在の、始まりと終わりの儀礼です。誕生と死に対する見方が改まれば、世界や自分自身、そして私たちの内に備わっている無限の潜在力に対する畏敬の念が湧いてきます。考え方を変えることで、私たちは世界を変えていくことができるのです。

●――誕生とは魂の本体と物質とがシンクロすること

「**霊的本質**」は、受胎の瞬間から、やがて肉体となる器に同調《シンクロ》するプロセスに入ります。私たちの霊的本質のエネルギーは強力なので、いきなり物質と結び付くことはできません。そのため、9カ月の妊娠期間中に段階を経て徐々に同化していくのです。魂の本体の周りには、目に見えない段階的なエネルギーフィールドが広がっていて、そのおかげで肉体という器への影響が和らげられ、出産時（あるいは出産の時期）に肉体と同調して一体化するのが容易になります。

このプロセスは、いわゆる「**階級天使**」や「**守護霊**」の助けを借りて達成されます。ほとんどの人はこれらの存在を空想やおとぎ話の世界のものとみなしており、とりわけ教育や科学に重きが置かれている現代では、実在するとは信じられていません。

けれども、階級天使や守護霊は肉体を持っていないというだけで、私たちが存在しているのと同じくらい、確かに存在しています。

彼らの体はより軽い物質でできており、それらは多くの場合、私たちの限られた知覚でとらえることはできません。私たちは生きた宇宙に存在していますが、そこにあるすばらしいもの――美しい自然や命の誕生、驚きと祝福に満ちた生は、すべてこれらの存在の恩恵によるものです。

人間は独善的な生き物で、自分たちが生命の最も高度な形態だと考える傾向があります。たしかに私たちは「**神性**」を宿していますが、そのような生命体は他にも無数にあります。人間以上の神性を宿し、その輝きをより恒常的に放っている生命体はたくさんあります。宇宙をつかさどる神の力に人間と同様に仕えている、人間とは姿形の異なる存在に目を向けたとき、私たちの認識はさらに広がります。

生命の目に見える領域と目に見えない領域の両方を認識し、それらに畏敬と慈《いつく》しみを捧げられるようになったとき、私たちの前には驚きと奇跡に満ちた生の世界が姿を現します。

私たちがこの世に生まれ出るときには、これらの存在が物理的な力と目に見えない力によって新しい体の形成を助けます。それと同時に、魂の自我が体と一体化するのもサポートします。死ぬときには、肉体という器から魂が離れ、物質的存在とエネルギーが崩壊していくプロセスを助けます。

チャクラがつなぐ幽体と肉体

命が受胎した瞬間から、生の世界での仕事は始まります。隔離された状態で胎児が発達していけるように力の及ぶ空間を作り、子宮に誘引力を与えて同調させます。魂が転生するには、母親のエネルギー系――とりわけ子宮領域の波動が、魂のエネルギーと調和しなければなりません。この調和の乱れは、いわゆる「つわり」の状態を引き起こします。

肉体の状態の善し悪しの要因の一つは、母子の空間においてどれだけの調和が達成されるかです。肉体の状態は、カルマの法則や遺伝の影響も受けます。

このため、転生を控えた魂が、何らかの身体的性質と向き合うことを選択した場合、その部分に関する劣性が傾向として現れる可能性があります。これは、はっきり表面化するとはかぎりません。あくまで、魂に均衡の欠如を思い出させるために、その傾向を持って生まれてくる場合があるということです。

チャクラの系は、意識の各領域と同様に、体の各腺や神経系に同調しています。チャクラは体に入ってくるエネルギーと出ていくエネルギーのすべてを媒介しており、幽体と肉体を一つにつなぎ、霊的本質との統合をもたらしています（P159の図）。

それぞれのチャクラは、その人のカルマに基づく特定の機能や能力の種に対応しています。これに関しても、過去に何を成し、現世で何を学ぶことを選んだかによって、霊的本質と肉体の同調と一体化の程度は異なってきます。それらのパラメーターは、過去世によって決定されます。それらが維持されるか、退化するか、あるいは育まれて伸びていくかは、転生後のさまざまな要因によって定まります。

生まれ持った潜在的能力の基盤は、このようにして決定されます。ここで忘れてならないのは、私たちが物質界に生まれるのが、あらゆる状況においてバランスを保ち、創造性を発揮していけるようになるためだということです。能力基盤は、良いほうにも悪いほうにも容易に変わっていきます。過去にどれだけ伸ばしてきたかにかかわらず、さらに意識を高め、より高次の領域に入っていくのに必要な条件を、私たちは新たに獲得していかなければなりません。潜在的なエネルギーを再び目覚めさせ、育んで、より高次のレベルで開花させていく必要があるということです。

階級天使や守護霊に庇護される胎児

受胎から最初の3カ月は、胎児が子宮の中でそれぞれの目的にあった状態に肉体を成長させ、整えていく時期です。この期間には、外界のエネルギーから自らを隔離する状態も整えられます。

これは肉体的なレベルの現象ですが、霊的本質も階級天使や守護霊の助けを借りて、肉体と完全に一体化できるように、本来の強い波動を減耗させる幽体を整えます。受胎の瞬間より、霊的本質と成長する肉体との間にはつながりが生じ、そのつながりが9カ月の妊娠期間中に強まっていきます。

最初の4カ月は、さまざまな階級天使や守護霊たちが母親を有害な状況から守ろうとします。

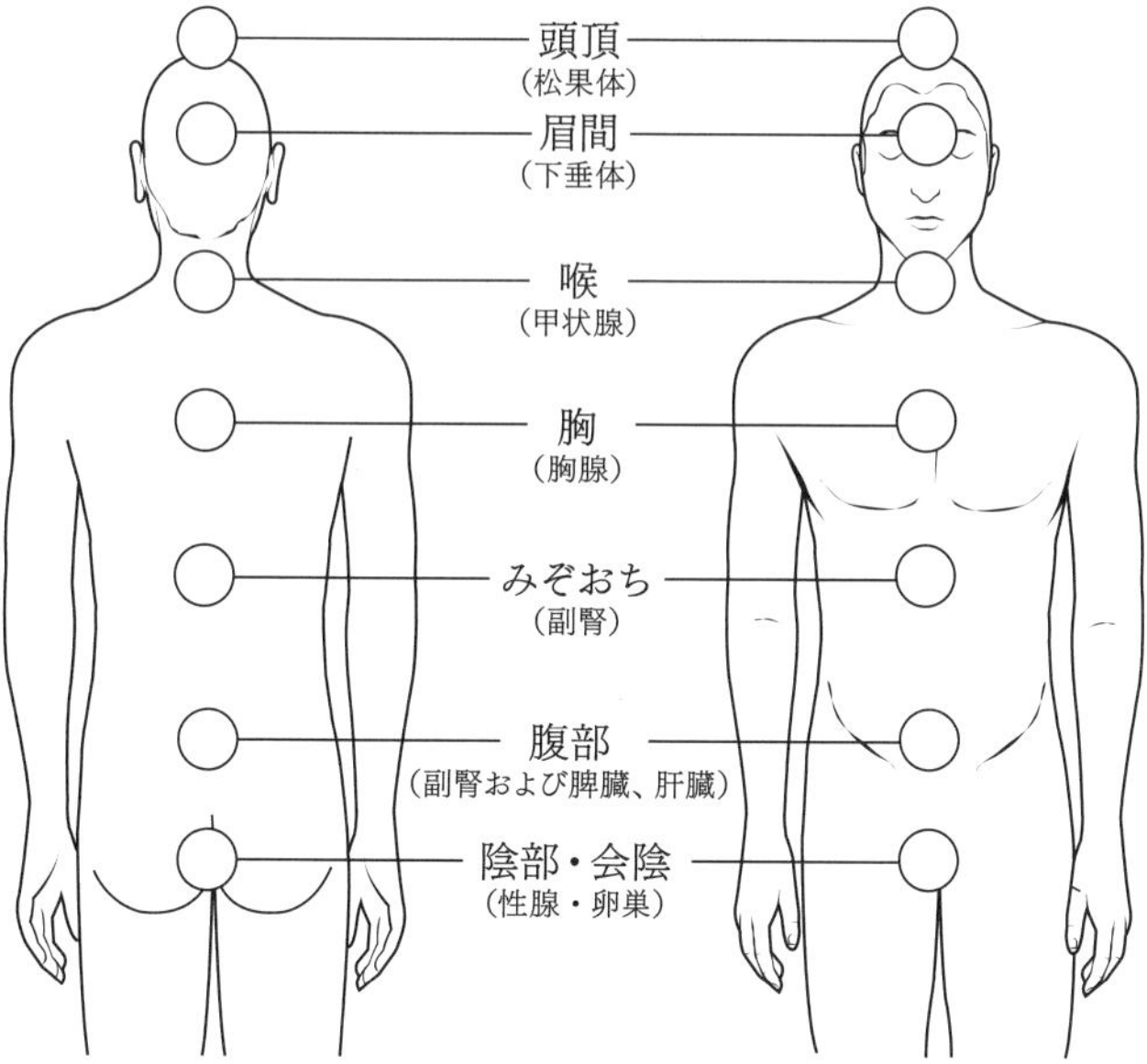

[チャクラ系]

チャクラは体に入ってくるエネルギーと出ていくエネルギーのすべてを媒介し、身体的、感情的、精神的、霊的な働きに必要なエネルギーの供給を助けています。

チャクラはそれらの働きの特定の領域（過去のカルマによって決まる）に同調しており、それらの領域を目覚めさせて伸ばしていくことが現世における務めとなります。

胎児は母親とエネルギーを共有しているため、この点は特に重要です。自然精霊は、胎児の活力を高めるのを助けます。赤ちゃんがお腹を蹴り始めるのは、多くの場合、この作用によるものです。そして階級天使たちはいっそう母親に近づき、より強く守っていくようになります。ほてりを感じることがあるのは、このためです。

5カ月目から8カ月目までは、霊的本質と胎児のより直接的な同調が進みます。胎児がよく反応するようになるため、この時期には母親や父親が胎児と多くのコミュニケーションを取ろうとするようになってきます。8カ月目になると、意識のかなりの部分は肉体と同調しており、日を追うごとにさらに同調が進んでいきます。

早産だった場合は、本来なら妊娠期に起こる発達や同調が母胎の外で続きます。このときには階級天使と自然精霊が力を合わせ、子宮という守られた環境の外に出てしまった胎児がきちんと同調できるよう尽力します。より多くの努力が注がれるだけでなく、階級天使や精霊の数も増えます。未熟児がしばしば妖精のような姿をしているのも、多くの場合はこのような理由によります。

天使と自然精霊は誕生の直前に身をひき、痛みを伴う出産において幽体を安定させることに力を注ぎます。霊的本質と新たな肉体の完全な融合は、受胎後のどの時期においても起こる可能性がありますが、多くは出産時かその前後に起こります。生まれた子供が呼吸を始め、母胎から切り離されると、それは独立した存在となり、独自の歩みを始めます。

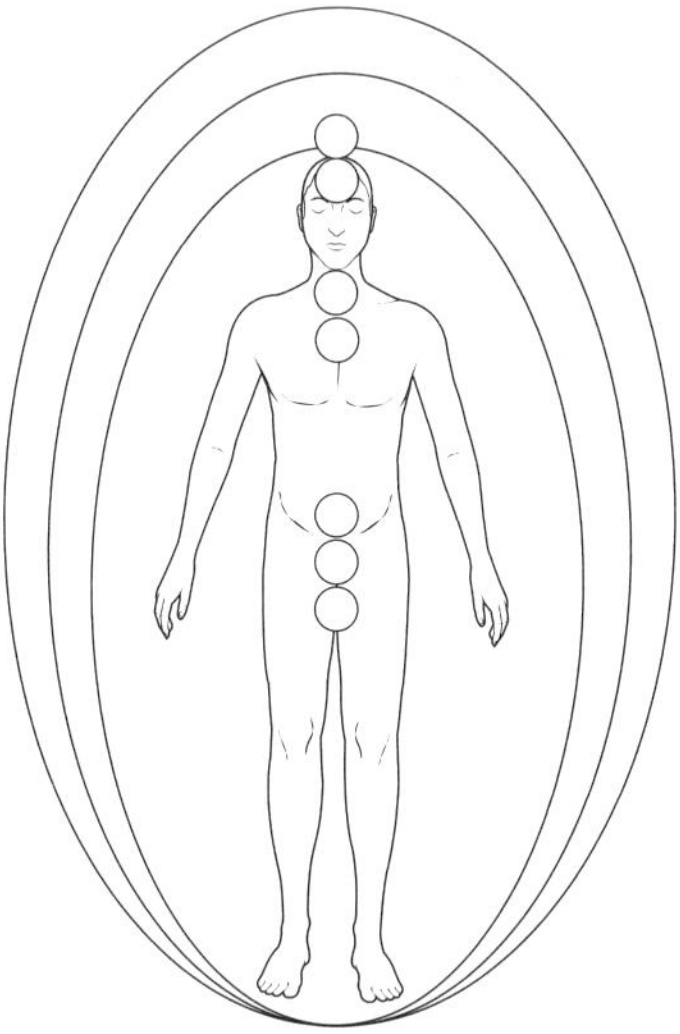

遺伝とカルマ、今回の転生において選んだ目標に応じて、チャクラと幽体は、肉体と同調していきます（調和の程度はそれぞれの生で異なります）。これには、その生で向き合わなければならない身体的、感情的、精神的、霊的欠点や、能力ならびに潜在力が反映されます。成長、進歩していくにしたがい、私たちはより完全にエネルギーを同調させ、能力の種を開花させていけるようになります。

妊娠している間、魂は発達中の肉体と母親の近くを漂っています。その間、階級天使たちは転生の新たな機会の実現に力を注ぎます。私たちがこのことに注意を向けるほど、転生する魂の認識は広がります。

母親と父親は、妊娠期間中の夢には特に注意を払う必要があります。この時期の夢は、転生してくる魂に関する情報を含んでいることが多いからです。前世や、生まれてくる魂とのつながりについての情報も、これらの夢によってしばしば明らかになります。

妊娠期は、祈りや瞑想、転生してくる魂との対話を積極的に行ないましょう。歓迎の気持ちや、愛おしく思っていることを伝えてください。こうした働きかけは、転生のプロセスを助けてくれている天使や自然精霊に対しても行ないます（実在を感じられないという人でも、実在するつもりで行なってください）。すでに紹介した過去世の瞑想を行ない、自分と生まれてくる子供との関係を探っていきましょう。絵を見つめて、自分の後ろに子供の姿が浮かんでくるようにします。そして過去世の光景を変化させ、現世でその子を愛おしく抱いている様子をイメージしてください。

妊娠期は、祈りや瞑想、転生してくる魂との対話を積極的に行ないましょう。歓迎の気持ちや、愛おしく思っていることを伝えてください。

こうした働きかけは、転生のプロセスを助けてくれている天使や自然精霊に対しても行ないます（実在を感じられないという人でも、実在するつもりで行なってください）。

すでに紹介した過去世の瞑想を行い、自分と生まれてくる子供との関係を探っていきましょう。絵を見つめて、自分の後ろに子供の姿が浮かんでくるようにします。そして過去世の光景を変化させ、現世でその子を愛おしく抱いている様子をイメージしてください。

このような瞑想は、生まれてくる子供の性質や、過去世における自分とのつながりを明らかにするのに役立つだけでなく、創造のすばらしさや不思議、神聖さなどを実感させてくれます。

●——死とはさらなる学びに進む通過儀礼

死は、計り知れない謎に包まれた出来事であり、ずきんのついた衣を身にまとった怪人——「死神」によってもたらされると考えられています。多くの神話では、この死神は、大鎌をもった骸骨や、恐ろしげな御者として描かれています。死はさまざまな姿をしていますが、それを理解することは、**「不死への扉」**を開く鍵となります。

人間はいつの世も死を恐れ、死という出来事に対して畏敬の念を抱いてきました。古代文明には例外なく死に対する概念があり、葬送の儀式も存在していました。古代の宗教の多くは、死という不可解な出来事を人がスムーズに通過できるように、特別な手順を定めています。エジプトやチベットでは、魂があの世で迷わないように、手引きの書と一緒に埋葬するといったことも多く行なわれていました。

死は常に恐れられてきました。死は未知の出来事であり、愛する者との別れをもたらします。また、夢や願い、成功に至る道を途中で断ち切ってしまいます。死への恐怖には、宗教も一役買ってきました。煉獄《れんごく》で罪を償わなければならない、地獄に落ちて永遠に出られなくなるといった教えは、ただでさえ恐ろしい死への恐怖をさらにあおるものです。

しかし、転生の研究は、肉体が自己の本質の仮の器にすぎないことを明らかにしました。死によって自己の本質が消滅したり、霊の存続が断ち切られたりすることはありません。死は、私たちを支配する高次の原理と低次の原理が分離する現象です。肉体を捨てて学びを自分のものにし、さらなる学びに備えるためのステップなのです。

死は終末ではなく変化の一種である

死にはさまざまな働きがあります。本人を肉体という重荷や生の苦痛から解放してくれることに加え、残された人々にも学びの機会をもたらします。また、意識をさらに高い次元に引き上げるための機会も与えてくれます。

死には2つの種類があります。1つは自然死、もう1つは不慮の死です。自然死では、魂を構成するエネルギーは緩やかに解放されていきます。自然死は、その生におけるカルマが達成されたときに訪れるもので、その最期は常に安らかです。

もう1つの形態である不慮の死は、病気や事故、自殺などによってもたらされる死です。これらの死は、安らかであることもあれば、そうではないこともあります。病気で亡くなるケースの多くは自然死ではありませんが、ごくまれに自然死であることもあります。病気の多くは、生のプロセスの何らかの側面における均衡や調和の乱れが現れたものです。

私たちは誰もが、完全に意識を保ったまま物質界から去る方法を学ぶことができます。行者《ぎょうじゃ》は生きたまま、穏やかに死に至るとも言われています。人によっては病的だと感じるかもしれませんが、この気づきは、死に対する単純な瞑想を通じて身につけていくことができます。

死のプロセスを学び、肉体と幽体を脱ぎ捨てることをイメージするのがとりわけ効果的です。その後の生についてもイメージしてみてください。人生を逆にたどっていくのもよいでしょう。現在を起点にし、そこから過去の出来事をさかのぼって、誕生の瞬間に至ります。亡くなった人たちと自分が交流している姿もイメージしてみてください。大事なのは、死を終わりではなく、変化ととらえることです。

解放された生命エネルギーの行き場所

死という変化の時が近づいてくると、魂は肉体から抜け出す準備を始めます。物質的な生が終わると、受胎後のプロセスと逆のことが起こります。意識は肉体から離れて幽体に移り、その幽体も肉体に近いエネルギー帯から順にほどけて消滅していきます。

このプロセスに費やされる時間は人によって異なります。いちばん最初に起こるのは、物質界から切り離されてエーテル界になじむステップで、通常は短時間で終わります。葬儀の前に死者に対面したことがある人は、24時間というわずかな時間でも、遺体が目に見えて変化することに気がついたはずです。

生命エネルギーが解放されてエーテル界に戻ると、器である肉体にもその出来事が反映されます。魂は再び肉体に戻ることはできませんが、その肉体は魂にとってなじんだ存在です。

魂がエネルギー帯の中のエーテル体の段階にあるときには、肉体のそばにとどまっていることもよくあります。遺族をなぐさめるために、そのようにする場合もあります。あるいは、自分が死んでしまったことに気づいていないために肉体の近くにとどまる場合もあります。後者の場合は、必死になって物質界に戻ろうとするケースもあります。お墓や、生前よくいた場所に幽霊が現れるのは、こうした理由によるものです。

死後の概念の秘めやかな教え

死を迎える魂には、必ず助けてくれる存在があります。安らかな死の場合は通常、すでに亡くなった血縁者や、強い愛情で結ばれていた人たちが、手を差し伸べるために集まってきます。

戦争や事故などの不慮の死によって、心の準備のないままに亡くなった場合は、より自然な死を迎えられる生に短期間だけ転生することがあります。乳幼児突然死がこのようなケースによるものだと主張する人もいます。

これ以外の不慮の死では、自殺の場合も含め、助けとなる存在が集まってきます。階級天使のうち、「**見守る者**《ウォッチャー》」や「**夜の天使**」などといった名前で呼ばれることのある存在が、魂に必ず助けが与えられるよう目を配ります。

これらの存在は、天使の中でも最も慈愛に溢れていると考えられています。突然死を迎えたり、自殺したりした魂には、起こったことに向き合うために特別な愛情と手引きが必要で、そのために彼らが現れるのです。

葬儀の慣習のほとんどは、死後の概念についての秘めやかな教えを内在しています。すでに述べたように、肉体的な生が終わった後、魂はしばらく肉体の近くにとどまり、すべてのつながりが解けるのを待ちます。死んだ魂は、肉体を通じて太陽から与えられる「**生命力（プラーナ）**」と切り離され、他にエネルギーを求めるようになります。葬儀でろうそくに火をともしたり、花を捧げたりするのはこのためです。これらから幽玄なエネルギー波動を受け取ることにより、魂はつながりを完全に解くことができます。ろうそくや花は、生きている人々からエネルギーが奪われるのを防ぐ役目も果たします。

多くの人々は葬儀を忌み嫌いますが、これは葬儀に独特の雰囲気があるからです。独特の雰囲気を感じるのは、多くの場合、本人の心の作用によるものではありません。これらの雰囲気は通常、3つの理由のいずれかによるものです。その1つは、魂が肉体から離れるときに、見守っていた大天使も一緒に離れていくということです。このため、心に虚無感が広がるのです。

もう1つの理由は、精霊たちが働き始めることです。彼らのエネルギーはたいへん強力で、多くの場合、かなりはっきりと感じられます。精霊たちは常に存在していて、有機物が活力を必要としたり、崩壊したりするときに活動を始めます。葬儀に集まった人たちはしばしばこれらの存在を感じていますが、それが何なのかはわかっていません。

葬儀でいろいろと奇妙な雰囲気を感じる第3の理由は、すでに亡くなった人たちがいるためです。亡くなった友人や血縁者、愛情で結ばれた人たちが、新たに死を迎えた人を助けたり、残された人々を慰めるために集まってきます。

黒は死の象徴とされることが多い色ですが、強力な隔離作用も持っています。黒い色は、葬儀において働くこれらの幽玄なエネルギーから人々を守り、過剰な影響を受けるのを防ぎます。

肉体から離れていく魂は、その生における体験を分析し、糧として取り込んでいく作業を始めます。それと同時に、再び物質界に戻ってさらなる学びを行なうための準備も始めます。愛する人たちと本当の意味で別れることはないのだということもわかってきます。そして、私たちに触れた存在、私たちの創造を助けてくれた存在が、永遠に自分の一部であるという認識を深めるとともに、生を謳歌し、畏敬の念とともに死に臨むことを学んでいきます。

私が死んだとき
葬儀には多くの人が訪れるだろう
好奇心の旺盛な人間が確かめにくる
私が本当に死んだのか
あるいは、ただ面倒を起こそうとしているのかを

マリ・E・エバンス『The Rebel』より

エクササイズ

生まれてくる子供に同調する

妊娠期は、この世に生まれてくる魂に同調するのにとても適しており、過去世におけるさまざまなつながりや、子供の性格や特徴についての多くの情報を得ることができます。まずは夢に注目することから始めるとよいでしょう。夢の中で何度も同じ感情を覚えるときは、子供との感情的なつながりが反映されている場合があります。

母親と父親とのつながりは、受胎の瞬間から始まります。最初のうちはつながりが形成されるプロセスをはっきりと実感することはできないかもしれません。しかし、時間が経つにつれて、より明確にとらえられるようになっていきます。この時期は、霊的な知覚を高めるのにも適しています。その際には、次のようなエクササイズが役立ちます。

①邪魔の入らないようにしておきます。部屋の明かりを暗くして、目を閉じてください。このエクササイズにはバラの香りがたいへん効果的です。準備ができたら、リラクゼーションと呼吸法を行ないます。

②このエクササイズは一人でやることもできますが、妻や夫と一緒に行なうこともできます。一緒にやるときは、母親が床に座り、子宮に両手を当てます。夫はそのすぐ後ろに座り、妻の腕の上に自分の腕を置きます（このとき子宮に手を当ててもかまいません）。

③リラックスが深まっていくと、心臓の中心からやわらかい光があふれてきます。両親で一緒に瞑想するときは、二つの光が重なって絡み合い、一体化して、より強い光となるところを想像してください。その光から柔らかい雲が生じ、眼前で金白色に輝く美しい人の姿に変わります。これが、あなたの霊的本質です。

④座っているあなたの前で、霊的本質は目を上に向け、何かを探しているかのように、はるかな天空を見やります。そのときあなたは、上空にかすかな白い光があるのに気づきます。その光は、しだいにはっきりと見えてきます。柔らかな光が、きらめきながらあなたを照らしています。

⑤その光から、柔らかい雲が下に降りてきます。その様子をはっきり想像してください。美しく、非の打ち所がないように見えるその雲は、クリスタルのエネルギーでできた小さな玉のように見えます。それを無理に引き寄せたりせず、自然に降りてくるところを

見守りましょう。

⑥雲はあなたの霊的本質の前まで降りてくると、そこでとまります。まるで挨拶を交わすかのように二つの光が交わったかと思うと、雲はあなた自身を観察するかのように、霊的本質の横に移動します。美しいエネルギーの雲が、柔らかな光を強めたり弱めたりしながら浮かんでいます。あなたには、それが生まれてくる魂の霊的本質だということがわかっています。

⑦エネルギーの雲を観察してみましょう。それはどんな色をしていますか？　見ているときに、どんな感情が湧いてきますか？　あなたに会いにきた魂に、心の声でいろいろなことを問いかけてみましょう。

・成長のためにどのような環境が必要か？
・いまどんな気持ちか？
・どんな人を必要としているか？
・何のために転生したのか？
・私から何を学び、何を教えようとしているのか？
・私に何をしてほしいか？
・目的を遂げるために、どのような名前が最もふさわしいか？

（答えを無理に引き出そうとしてはいけません。日が経つにつれ、答えはより明確になり、より多くの情報が得られるようになっていきます）。

⑧その霊的本質に自分の愛情を伝え、歓迎の意思を示しましょう。あなたがそうすると、エネルギーの雲は後退し、あなたの霊的本質に近づきます。二つの光の雲が合体し、まばゆい光となって、そこから虹色の光が放射されます。新たな創造がなされたことを祝福する歓喜の歌が、天から聞こえてくるようです。二つの魂は光を強めたり弱めたりしながら、エネルギーと霊的本質を交え、一つになります。

⑨一つになった雲は、さらに輝きを増しながら、あなたのほうに向かってきます。そして、ゆっくりとあなたの肉体の中に取り込まれていきます。全身を喜びが突き抜け、歓喜と驚嘆の感情が湧き上がってきます。心臓に宿った光は、いっそう輝きを増していきます。そしてあなたは、それを感じることができます。あなたの中で、柔らかく、静かに脈打っているのがわかります。これは幻覚かもしれないという気持ちが起こってきた瞬間、子宮に当てた手に同じ感覚が伝わり、あなたの心臓はドキリと脈打ちます。

⑩深呼吸をして、すばらしい機会が与えられたことを歓迎し、喜びましょう。そして、意識をゆっくりと現実に戻していってください。

9 過去世の存在証明Q&A

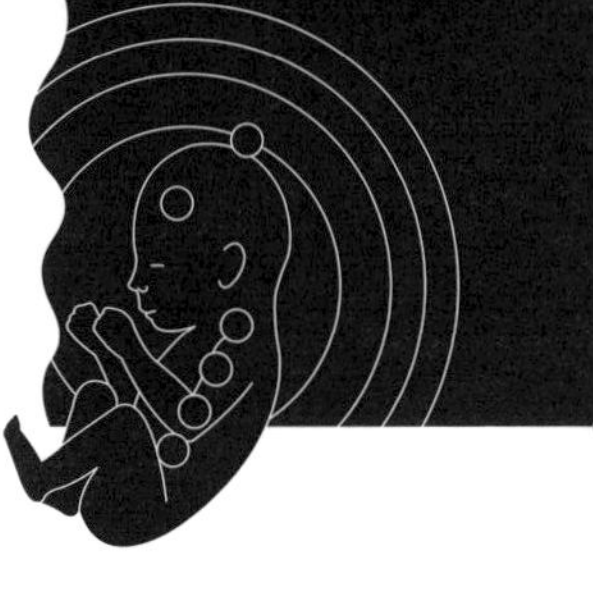

いちばん大事なのは現世である

過去世を探るときには、自己欺瞞《ぎまん》に陥らないように注意しなければなりません。そのために最も有効なのは、認識のレベルを高め、自分の心を絶対に偽らないという意思を持つことです。現在の自分に影響を与えている過去世の大半は、世間の脚光を浴びることのない、目立たない人生です。ほとんどは、輝かしさや波乱とは無縁の、平凡な生だと思ったほうがいいでしょう。しかし、最も大きな学びは、そうした生において、日々の試練や務めを乗り越えることによって得られるのです。

過去の生を美化してはいけません。私たちのほとんどが、過去に重ねてきた生において、さまざまな能力を身につけ、豊かさを享受し、いろいろなことを成してきたのだということにこそ目を向けてください。私たちはそれぞれの生でそれぞれに異なる学びを得ますが、そのどれもが同じくらい重要な価値を持っています。

過去世に没頭してしまうのも禁物です。「**いちばん大事なのは現世である**」ということを常に忘れないようにしてください。誰かれかまわず過去世のことを話したり、仕事が終わると家に直行して過去世の探求にのめり込んでしまうような人には、客観的な判断はできません。自分がそのようなことをしていると気づいたら、すぐに態度を改めてください。そのような人は、過去世を探ることで現実逃避をしている可能性があります。

過去世と現世との関係や、どのような影響を与えているかといった判断においては、注意しないと容易に誤った解釈に陥ってしまいます。私が過去世の日記をつけることを勧めている理由の一つは、このような問題があるからです。記録をつけるという行為によって、顕在意識はより注意深く分析し、判断するようになります。また、ときどき記録を読み直すことで、解釈が正しかったかどうかを見直すこともできます。

過去世の情報から現世の生のパターンに気づき、それを変えようとしたのにうまくいかなかったという人は、その情報と現世との真のつながりについて、もう一度考えてみたほうがいいかもしれません。潜在意識が勝手に想像してしまった可能性はないか、自分の願望が現れていないか、情報のあてはめ方が間違っているのではないかといったことを自問してみましょう。大切なのは、得られた情報をきちんと見きわめていくことです。あらゆることを検討してください。過去世の情報を現在の状況にあてはめていく際には、多くの場合、試行錯誤を繰り返す必要があります。

情報が正しいかどうかは、どのように確かめればよいのでしょう。明らかになった名前と同じ名前の人が、その時代、その地域に実在していたとしても、それが同一人物であるとは限りません。

過去世の探求で明らかになったことが歴史的な真実であることを証明することよりも、ずっと大切なことがあります。それは、得られた情報を人生に生かしていくことです。その情報が現世における境遇をうまく説明してくれるものであれば、不安がやわらぐかもしれません。また、その気づきによって、根深い問題を解決したり、悪い人生のパターンから抜け出せるかもしれません。あるいは、プライドを取り戻したり、他者を見直すきっかけになることもあるでしょう。

情報が真実かどうかを判断できるのはあなただけです。他人の意見に耳を貸してはいけません。それと同時に、その情報をどのように生かしていくかという視点を常に持つことです。自分の人生を自分で定めていくという自覚を持つことも、魂の進化における重要な要素の一つです。あらゆる可能性を検討してください。

悪いカルマと、判断の誤りの見きわめも大切です。私たちは、さまざまな問題をすぐに過去世のせいにしてしまいがちです。現世における失敗や災難を説明するのに、過去世を言い訳として持ち出す人がいますが、私たちが転生したのは古い過ちを正すためだけでなく、新たなことを学ぶためでもあります。そのことをくれぐれも忘れないようにしてください。

「魂の進化」や**「転生」**、**「カルマにまつわる法則」**を認識していなくても、目標を達成して成長していくことは可能です。創造性を発揮しながら前向きに生きていけば、過去世から引きずっている問題は自然に解消され、来世の生における良いパターンが作られていきます。「利他」の大原則を実践し、この生における務めと責任を果たし、奉仕の心を忘れないならば、魂の進化の道のりをしっかりと歩んでいくことができます。

問題は、どうすれば毎日を建設的に生きることができるか、また、自分が正しい道を歩んでいることを確かめられるかということですが、それには毎日、1つの質問をするとよいでしょう。答えがイエスなら、あなたは成長し、進歩しています。霊的進化のプロセスにおいて、上向きの道をたどっていることを確認できます。その質問とは、次のようなものです。

「私がいることを喜んでくれている人はいるか？」

「転生」と「生まれ変わり」に関するQ＆A

Q：動物も転生するか？

A：これについてはいくつかの説があります。その一つは、動物も転生して知性を身につけ、人格を高めてゆくというものです。この説では、次第に高等な動物に生まれ変わり、魂を持った人間に生まれ変わるものも出てくるとされます。最初に手に入れることのできる人間の魂の本質は、最も原始的なレベルのものです。動物に人格などなく、本能のままに行動しているだけだと主張する人々もいます。けれどもペットを飼ったことのある人なら、これが間違いだということはすぐにわかるはずです。

動物全体をつかさどる大霊が存在するという説もあります。この説では、死んだ動物は、一つの魂ではなく、集合的な魂に帰っていきます。人間との関わりによって人格や知性が形成され、やがて集合的な魂から別れて独立した個になるという考え方もあります。

いずれの説が正しいにしても、動物が基本的に人間よりも劣っており、自助能力に欠けた生命であるということは確かでしょう。それでも、人間と同様、動物との間にもカルマ的な状況が生まれる可能性はあります。すべての物事には、学びがあります。生きとし生けるものに宿る神性に気づき、賛美することも、魂の進化のプロセスの一つです。

Q：生まれなかった魂はどうなるか？　流産や妊娠中絶、死産、発育不全などのために肉体に宿れなかったときはどのようなことが起こるのか？

A：これらは複雑な問題ですが、多くの人が感じる疑問でもあります。女性の出産や妊娠に関しては、肉体的な教えと霊的な教えの両方がいにしえより母親から娘へと受け継がれ、妊娠した女性はお腹の中の子供について、自らにできる範囲の選択と判断、管理をしてきました。しかし現在はこうした教えの大部分は失われつつあり、関心の多くは肉体面に偏っています。

すでに述べたように、魂は受胎の瞬間から肉体と同調し始めますが、本当に働き始めるのはこの世に生まれ出てからです。出産によって母胎から切り離された後、それは独立した存在として、自らの営みを始めます。子宮にあるうちは個の境界はまだ曖昧《あいまい》で、母親の一部として命を分かち合っています。

何らかの理由で肉体が死んでしまった場合は、魂は肉体との同調《シンクロ》を解き、宇宙の領域に戻っていきます。そして、より自らにふさわしい時と場所が見つかるのを待ちます。

言うまでもないことですが、人の生は自然の法則と霊的法則によって支配されています。魂の進化で求められていることの一つは、一人ひとりが与えられた境遇の中で、2つの法則に従ってより良い結果を出していけるように学びを得ていくことです。胎児の肉体が損なわれれば、それは自然の法則における障害にはなりますが、魂に影響が及ぶことはありません。自然のプロセスに介入することの正当性や倫理に関しては、個人個人で判断していく必要があります。自由意志の法則もまた、宇宙を支配する神の法則の一部だということを忘れないでください。

Q：幼いときやまだ若いうちに、事故などで不慮の死を遂げた人はどうなるか？

A：どのような生も、決して無駄にはなりません。たとえどんなに短い期間であっても、その生には価値があります。産声《うぶごえ》を上げた瞬間から、この世における学びは始まります。早世した場合でも、魂は短い生と学びを成就《じょうじゅ》させるため、再び戻ってきます。やり残したことを遂げるために、次の転生の時期も通常より早くなります。

Q：過去世を覚えていないことは、現世にどのようなメリットがあるのか？　覚えていないのなら、過去の生に意味などないのではないか？

A：過去世のすべてを記憶して生まれてきたら、それは現世に良い結果をもたらすと思いますか。過去世における過ちのすべてを覚えていたら、現世における状況を生かしていくことに集中できるでしょうか。過去の記憶は、新たな成長と進歩の妨げにもなります。記憶がないおかげで、私たちは罪悪感を持たずに、新たな視点で学んでいくことができるのです。過去にこだわるよりも、現世に目を向けることのほうがずっと大事だということを忘れないでください。

過去を覚えていなくても、私たちの魂は、過去の生の総体ともいうべき存在です。特別な能力、特定のことへの関心、好き嫌い、センス、忌避の感覚などは、過去世の経験によるものであることが少なくありません。本書で述べてきているように、過去世の記憶は、その気になれば引き出し、霊的な力として伸ばしていくことができます。しかしながら、あえて過去を掘り起こしたり、思い出したりしたくないという人も少なからずいます。なお、意識的に引き出したりしなくても、年をとるにつれ、過去世の記憶がふっと甦ってくるようなケースが増えてきます。

Q：過去世を探るために霊能者に相談するのはよいことか？

A：これは相手によります。優れた霊能者もたくさんいますが、そうでない霊能者はさらに大勢います。あなたをいちばんよく知っているのはあなた自身です。霊能者に相談して実りある結果が得られることもありますが、すべてを鵜呑《うの》みにするのは避けてください。このような形で助けを求めるのは、受け身の立場に身を置くことでもあり、相手に影響されやすくなります。そのため、常に批判的視点を持つことが重要になってきます。得られた情報を吟味し、自分に当てはまるか、人生におけるさまざまなことを理解したり対処したりするのに役立つかを、しっかり見きわめてください。

私自身、「**退行催眠**」もたくさん施してきましたし、過去世に関する相談も数多く受けてきました。しかし、これらを自ら行なう方法を教えたほうが、自覚も育まれ、ずっと実りが多いと考えています。
他者の「**アカシックレコード（人生の書）**」が読めると主張する人々もたくさんいるようです。アカシックレコードには、過去と現在のすべての人々の営みと、未来にたどることになる道のりが記されています。ただ、アカシックレコードが読めるという人たちのほとんどは、実際にこれを読んでいるというよりは、現世の人々に内在する過去の情報が投影されたものを見ているにすぎません。人のエーテル組成やオーラにはこうした情報が含まれており、彼らはそれを読み取っているのです。
あなたのアカシックレコードを唯一ひもとくことができるのは、あなた自身と、この世界をつかさどる絶対的存在（ただしアカシックレコードについて教えてくれることはまずありません）、あなたの魂の進化を助けてくれる聖なる存在たちです。そしてあなたが読む場合も、しかるべき機会が整うことが条件となります。なぜなら、アカシックレコードを読むことには、極めて大きな霊的責任が伴うからです。アカシックレコードを読めると主張する人々が伝える過去世の情報が、すべて不正確だというわけではありません。読んでいる対象に誤謬《ごびゅう》の余地があるということです。

Q：次の転生がいつ、どこで起こるかを知ることはできるか？

A：この国のいくつかの地域には「**順行催眠**」に取り組んでいる人たちもいるようです。しかし、決定的な結果は得られていません。現世の生のパターンを認識することができれば、来世にどのような能力が引き継がれるかを予測することは可能です。けれども具体的な境遇や時代を知ることができるのは、霊的に大きく進歩している人に限られます。

東洋の宗教指導者が自らの転生の時期を予言したというのはよく聞かれる話です。チベットのダライ・ラマは次の転生の時期と場所を常に知っているとされ、死後、予言された時期にその地域で生まれた子供の中から次代のダライ・ラマが探されます。このとき、真の生まれ変わりであることを確かめるため、多くのテストが行なわれます。その一つは、先代が持っていた品々を見分けられるか、というものです。生まれ変わりであることが確認された後は、学びの種を再び目覚めさせ、より優れた霊的指導者へと成長させていくための修養が施されます。

Q：子供の過去世を探るのはよいこと？

A：基本的にはよいことではありません。子供の多くは4歳から8歳くらいの年齢になるまで現世の肉体を通じた経験に完全になじむことができません。過去世を探ることに夢中になってしまうと、この時期が遅れる可能性があります。ほとんどの子供はごく自然に過去世の記憶を持っており、ふと口にすることがあります。これは散発的な現象で、2歳から4歳の時期にとりわけ多く見られ、しだいに少なくなっていきます。そして思春期を迎えるころまでには、完全におさまります。

親が過去世を探って子供に関する情報を得ることには、メリットがある場合もあります。先天的な欠陥や慢性疾患、特定のものに対する恐怖心などは、過去世に原因がある場合があります。そのようなケースでは、前章の末尾で紹介したエクササイズなどを用いて親が過去世を探求することにより、最も建設的な形で子供が問題に対処したり、解決したりしていくのを助けていくことができます。

子供にとって何がよいのかという疑問に対する答えを、多くの親が知りたがっています。しかし、これは簡単に見つかるものではありません。ベストの育て方は、子供によって異なります。また、子供の扱いは、時とともに変わります。多くの親は「あのときわかっていればこうはならなかった」と嘆きますが、仮にわかっていて対応の仕方を変えたとしても、それは子供の大切な学びや、成長のための経験を奪うことになっていたかもしれないのです。

親が子育てで冒した誤りが、必ずしも悪い結果に結び付くとはかぎりません。選択や行動に関して自覚を持つということは、転生における重要な学びの一つです。私たちは、自らの選択や決断から結果が生じるという事実を認識する必要があります（結果ははっきりとわかる場合もあれば、そうでない場合もあります）。自覚を持って生きるということは、良い結果にしろ、悪い結果にしろ、どちらでもない結果にしろ、それらを見据えたうえで、明確な意思のもとに選択をしていくということです。たとえ失敗したとしても、そのことを認識し、くり返さないようになれば、あなたはそれによって学びを得、成長したことになるのです。

Q：離婚した場合、カルマはどうなるか？

A：夫婦間の問題を、過去世の問題やカルマのせいだと考える人も少なくありません。前にも述べましたが、判断の誤りと悪いカルマは混同しやすいので注意が必要です。とりわけ先進国では、身体的、感情的、精神的、霊的にどのような結果に至るかを十分に検討することなく、性急に結婚してしまう例が数多く見られます。長期間つき合ってから結婚したり、婚約期間を設けたりする理由の一つは、確かなつながりを作ることにあります。見合い結婚にしても、その多くは星のめぐりあわせなどのさまざまな適合を見きわめたうえで行なわれます。

離婚からは、はっきりと認識できるものもそうでないものも含め、多くの学びが得られます。時には、つらい思いをしないと身につかないものもあるのです（とりわけ安易な道を求めている場合に、そうした経験をすることがよくあります）。結婚した相手とのつながりは、すべての問題が解決して収まりがつくまで保たれ、次の生まで持ち越されることがあります。といっても、それらを解決するために、次の生でもその人と結婚しなければならないというわけではありません。異なる関係になったほうがうまく解決できる場合もあり、ケースバイケースで変わってきます。

結婚後の不倫は、特に気をつけなければならない問題の一つです。倫理的な問題以外にも、より大きな問題が起こってくるからです。あまり知られていないことですが、性行為には二つの魂のエネルギーを結び付ける働きがあります。この結び付きは、原子レベルといっても過言ではないほど密接なものです。つまり不倫をすれば、夫婦間以外に、その相手とのエネルギーのつながりが生じることになります。これにより、双方にカルマ的つながりが生まれ、それゆえの問題や学びが生じてきます。

結婚相手と別居したり離婚したりするまで、他者との親密な関係や性的関係を避けるようにすれば、こうした問題はしばしば避けられます。そうした配慮をすることで、夫婦間の学びに第三者のエネルギーがからんでくる事態を防ぐことができるのです。結婚相手との間の学びに他者が関わるのは望ましいことではありません。

Q：死後の世界の存在を確かめるために死者と交信するのはよいことか？

A：現代のスピリチュアリズムは、死後の世界のかなりの部分を明らかにしてきました。スピリチュアリストたちは、霊との交信には主に3つの目的があると考えています。第1に「生命の永続性を証明すること」。第2に「死の恐怖を取り除くこと」。第3に「より高次の教えを受けられるようにすること」です。霊媒師の生体は霊界の波動に敏感で、その知性を通じて霊界からメッセージが伝えられたり、さまざまな現象が引き起こされたりします。

チャネリングなどによる霊界との交信は、近年とみにポピュラーになってきました。このような交信の多くにはそれなりの意味がありますが、曖昧で中身のない内容であることも少なくありません。死者との交信は、亡くなった人を（多くの場合は自分たちの身勝手で情緒的な理由のために）地上に引き留めてしまいがちです。彼らは本来、魂の進化の道をさらに歩んでいくべき存在なのですから、交信をするときには十分な注意が必要です。

また、亡くなった人が生前より賢くなるわけではないということも認識しておくべきです。このため、霊を試して見きわめることが大事になってきます。

常に物質界に軸足を置き、現世の境遇の中で霊的本質をよりダイナミックに表出させていくという本来の目的を忘れないことも大切です。自分の意思を持たずに「霊の導き」を鵜呑みにしてしまうと、トラブルが生じることが少なくありません。物質界から離れた状態で交信すると、意識が物質界以外のことに向いてしまう傾向があるので、そのあたりの注意も必要です。

亡くなった人たちや、私たちを霊的に導いてくれる人たちは、人生の手引きをしてくれることはありません。それはあなたがやるべきことであり、あなた自身の力でやらなければならないことです。亡くなった大切な人や、真の霊的指導者との交信では、それらの霊は試されることを予期しています。彼らはあなたの生のあらゆることに示唆を与えてくれるわけではありませんし、すべての問題を解決してくれるわけでもありません。

おわりに

転生は真の希望のよりどころであり、生と死、人生の浮き沈みについてのより深い理解をもたらします。また、人生に改めて意味を見出させ、神の愛を新たな形で実感させてくれます。霊的な修養に目を向けるきっかけにもなります。

転生は宿命論を教えるものだとして、批判する向きもあります。「どうせ罰せられるなら、何をしても無駄だ」という発想に陥るというのです。しかし、私たちは生まれてくるときに、自分が最も必要としている学びを得るために、境遇や家族、時代などを自ら選択しています。学びに失敗したときは、別の機会において再び同じ学びを目指すことになりますが、そのときの条件は現世ほど好ましいものではないかもしれません。努力をしなければ、学びに失敗する確率は高まり、ハードルは高くなっていきます。

神聖なる宇宙は、すべての人に成長の機会を与えています。その機会を生かすかどうかは、私たち自身にゆだねられています。あらゆる選択には2つの可能性があります。成功して成長するか、失敗するかのいずれかです。成功すれば、私たちはより高いところに昇ることができます。しかし失敗しても、それは敗北を意味するわけではありません。再び同じ学びに向き合えばよいのです。必要なら、何度でも挑戦することができます。学校で赤点をとり続けて進級できなくなったら、やがてその状況にうんざりして、何とかしようと考えるでしょう。転生もこれと似ています。

転生のプロセスがわかってくると、恐れや罪悪感から解放され、新たな希望や期待が湧いてきます。転生はシンプルで美しいしくみであり、さまざまなことに答えを与えてくれます。そしてそこには、愛のため、成長のため、自らの内にある神性を引き出していくための機会が、豊かにあふれているのです。

◉著者について

テッド・アンドリューズ Ted Andrews

スピリチュアルの分野の著述家であり、教師。全米でセミナー、シンポジウム、ワークショップ、レクチャーを行なっている。人間の内なる可能性を引き出し高める方法として、オーラリーディング、前世リーディング、数秘術、カバラなどの研究に取り組んでいる。自身も透視能力者であり、霊媒師、基礎催眠術、指圧の資格をもつほか、代替医療として薬草（ハーブ）の研究と利用にもたずさわる。全米40万部超のベストセラー『あなたにもオーラは見える』（邦訳は小社刊）など数多くの著作を著している。

◉訳者について

北田浩一 Kouichi Kitada

1958年生まれ。編集者勤務を経て翻訳家に。訳書に『トンデモ隠謀大全』（小社刊）等がある。

自分《じぶん》の前世《ぜんせい》！がわかる本《ほん》

◉著者
テッド・アンドリューズ

◉訳者
北田浩一《きただこういち》

◉発行日
初版第1刷　2007年8月25日

◉発行者
田中亮介

◉発行所
株式会社 成甲書房

郵便番号101-0051
東京都千代田区神田神保町1-42
振替00160-9-85784
電話03(3295)1687
E-MAIL mail@seikoshobo.co.jp
URL http://www.seikoshobo.co.jp

◉印刷・製本
中央精版印刷 株式会社

Printed in Japan, 2007
ISBN978-4-88086-218-7